lonely planet

ATHÈNES

EN QUELQUES JOURS

Zora O'Neill

Sommaire

Préparer son séjour

Temple de Zeus olympien (p. 116)

Explorer Athènes 31

Vaut le détour

Carnet pratique 173

Coups de projecteur

Bienvenue à Athènes

Histoire et modernité se conjuguent à Athènes de façon surprenante. En plein milieu de la capitale, l'Acropole trône majestueusement au-dessus des galeries d'art contemporain, des places charmantes et des bars animés. Les visiteurs, tout d'abord attirés par les monuments de l'Antiquité, se retrouvent finalement happés par l'énergie créative de cette métropole en perpétuelle effervescence.

Vue du Lycabette (p. 103) depuis l'Acropole (p. 34)

ADRIENNE PITTS/LONELY PLANET ©

Les incontournables

Acropole

Une icône de la civilisation occidentale. **p. 34**

SAIKO3P/SHUTTERSTOCK ©

Musée de l'Acropole

Les trésors du Parthénon mis au jour. **p. 40**

GEORGIOS TSICHLIS/SHUTTERSTOCK ©

Agora

Le cœur de l'Athènes antique. **p. 54**

SAIKO3P/SHUTTERSTOCK ©

Musée Benaki

Une remarquable collection privée dans une demeure néo-classique. **p. 100**

Musée national d'Archéologie

La plus belle collection d'antiquités grecques au monde. p. 128

HERACLES KRITIKOS/SHUTTERSTOCK ©

MILANGONDA/GETTY IMAGES ©

Keramikos

L'impressionnante nécropole de la cité antique. p. 158

Colline de Philopappos

Un joli coin de verdure jonché de ruines historiques. **p. 148**

de Zeus olympien

d temple de Grèce, construit sur 700 ans. **p. 116**

Se restaurer

Les Athéniens aiment prendre le temps de sortir, manger et discuter. Malgré la prolifération des restaurants branchés, la préférence des locaux reste aux tavernas et leur cuisine régionale à base de produits frais. Ajoutez à cela un goût prononcé pour les terrasses en plein air, et vous comprendrez pourquoi les repas durent parfois des heures.

Établissements

Il existe différentes sortes de tavernas : la *psarotaverna* a pour spécialité les fruits de mer, la *hasapotaverna* ou *psistaria* les viandes grillées, tandis que le *mayirio* se spécialise dans les plats familiaux mijotés ou cuits au four *(mayirefta)*. On trouve également des restaurants (*estiatorio*) plus formels.

Les *ouzeries* et les *mezedhopoleia* proposent de petites assiettes à partager (mezze) en sirotant des verres d'ouzo. Le souvlaki (ou *kalamaki*) est une brochette de viande, plat de rue national, seulement concurrencé par le *gyros* (kebab), servi dans une pita avec tomates, oignons et tzatziki.

Usages de table

L'été, une salle à manger vide n'est pas forcément mauvais signe, les clients préférant souvent la terrasse sur le toit ou dans la cour.

Dans les tavernas familiales, aller en cuisine pour voir les plats du jour fait partie des usages courants.

Pour commander en grec, voir *Choisir au restaurant* (p. 166).

Cuisine grecque traditionnelle

Telis Le roi des côtes de porc grillées. (p. 68)

Diporto Agoras Près du marché central, une véritable institution à l'heure du déjeuner. (p. 75)

I Kriti Une table crétois… très rustique. (p. 139…

Palia Athina Des… exquis servis su… à carreaux. (p. …

Kalderimi Un… villageoise… d'Athènes. …

Atlantikos … de la mer… (p. 68)

LOUIS LAURENT GRANDADAM/GETTY IMAGES ©

Mezze

Ivis Un charmant café-bar dans l'ambiance branchée de Psyrri. (p. 66)

Glykys Ici, ouzo rime avec boulettes de viande et saucisses épicées. (p. 87)

Ama Laxei stis Nefelis Cuisine grecque variée et de saison dans une ancienne école reconvertie. (p. 140)

Cuisine grecque moderne

Mavro Provato La meilleure des tavernas modernes d'Athènes. (p. 121)

Karamanlidika tou Fani Une boucherie de quartier convertie en restaurant. (p. 64)

Seychelles Excellent, sympathique et pas cher. (p. 165)

Spondi Restaurant deux étoiles niché dans un beau jardin. (en photo ; p. 122)

Funky Gourmet Cuisine moléculaire distinguée par le guide Michelin. (p. 165)

En-cas et pâtisseries

Elvis Souvlakis de qualité dans un cadre rock n'roll. (p. 165)

Feyrouz Spécialités libanaises, fraîches et bon marché. (p. 59)

Bougatsadiko I Thessaloniki Feuilletés maison aux épinards, fromage ou viande. (p. 65)

Cremino Somptueuses glaces et sorbets. (p. 87)

Kostas De savoureux souvlakis à manger debout. (p. 65)

À savoir

- Les Grecs dînent à partir de 21h
- Dans les restaurants haut de gamme, réservez à l'avance le week-end (www.e-table.gr/en) ou arrivez tôt.
- La table n'est pas débarrassée avant que les clients demandent l'addition.

Prendre un verre

À Athènes, la plupart des cafés se convertissent en bars le soir venu, avec DJ set en prime dans certains cas. Il y a presque toujours moyen de commander à manger (sauf dans les simples débits de boissons, où l'on apporte soi-même de quoi grignoter). Enfin, sachez que l'interdiction de fumer n'est pas toujours respectée.

Quartiers

Gazi et Kolonaki abritent surtout des clubs assez chics et onéreux. Pour des verres à moindre coût et de la musique live, direction Keramikos ou Exarhia. Psyrri et le nord de Syntagma sont les quartiers du centre les plus intéressants en matière de bars.

Musique grecque

La musique traditionnelle résonne un peu partout. Les bars et tavernas, en particulier ceux de Plaka, Psyrri et Exarhia, accueillent des groupes tous les soirs et le dimanche après-midi. Les clubs plus classiques, en activité de septembre à mai, ouvrent vers 23h30. Pas de droit d'entrée spécial, mais le prix des boissons est majoré par rapport aux bars.

Clubs d'été

L'été, les Athéniens affluent vers les méga-clubs installés sur le front de mer de Glyfada, le long de la ligne de tramway. Les clients qui réservent pour dîner ne paient pas l'entrée. Autrement, le tarif s'élève entre 10 et 20 € avec une consommation. Soignez votre tenue pour pouvoir entrer.

Bars de quartier

Six d.o.g.s. L'une des meilleures adresses de Psyrri ; nombreuses salles et espaces extérieurs. (p. 69)

Ippo Un repaire d'habitués dans le secteur des bars de Syntagma. (p. 89)

Chelsea Hotel Lieu détendu à Pangrati, animé nuit et jour. (p. 123)

Galaxy Bar Petit bar américain rétro dans une galerie marchande de Syntagma. (p. 79)

Nabokov Bar littéraire discret à la lisière d'Exarhia. (p. 141)

ENTRECHAT/GETTY IMAGES ©

Alphaville Un condensé de la vie nocturne de Keramikos. (p. 161)

Bars spécialisés

Baba Au Rum Ici, les cocktails sont une affaire sérieuse. (p. 89)

Clumsies Régulièrement cité pour le titre de meilleurs barmen au monde. (p. 90)

Heteroclito Joli bar à vins sans prétention. (p. 90)

Barley Cargo Haut lieu de la bière grecque. (p. 90)

Cafés

Taf Coffee Excellent café torréfié sur place. (p. 141)

Veneti Une nouvelle enseigne dans les locaux du fameux Café Néon. (p. 141)

Little Tree Book Cafe Café, vin et en-cas au milieu des livres. (p. 47)

Spiti Mas Pour un café matinal dans un décor d'appartement. (p. 70)

Tailor Made Café le jour, cocktails le soir. (p. 69)

Décor et vue

Couleur Locale Toit en terrasse panoramique à deux pas de l'Acropole. (p. 70)

Little Kook Un cadre délirant de parc d'attractions. (en photo ; p. 70)

Noel L'éclairage étudié rend tout le monde photogénique. (p. 70)

Yiasemi Décor de carte postale, en plein milieu des marches d'une rue de Plaka. (p. 89)

À savoir

- Les bars commencent à s'animer vers 23h et sont généralement ouverts jusqu'à 2h ou 4h le week-end.
- Les transports publics s'arrêtent ou ralentissent après minuit, mais les taxis sont très abordables.
- Lisez l'encadré *Conseils aux fêtards* (p. 90).

Shopping

Le centre est resté le quartier marchand d'Athènes, et ses nombreux magasins sont encore regroupés par type de produits (mercerie d'un côté de la rue, quincaillerie de l'autre...). La principale artère commerçante est l'avenue piétonne Ermou, reliant Syntagma à Monastiraki.

Chasse au style

Comme beaucoup d'entreprises créatives, la mode et le design fleurissent dans la capitale grecque. À l'intention des fashionistas, Alternative Athens (p. 20) organise ces visites d'ateliers de stylistes.

Prix et soldes

Si l'on peut éventuellement marchander dans les marchés aux puces, voire chez les brocanteurs, les prix sont généralement fixes. Les soldes, en particulier sur l'habillement, ont lieu d'août à septembre et de janvier à février.

Souvenirs originaux

Korres Une marque grecque de produits de beauté naturels. (p. 93)

Forget Me Not Articles de mode et de déco de créateurs locaux. (p. 93)

Flâneur Pins, patchs et autres articles rigolos évoquant Athènes. (p. 93)

TAF Un café-galerie doublé d'un magasin de déco. (p. 63)

Annexe Pireos du musée Benaki La boutique du musée est idéale pour les cadeaux. (p. 163)

Art et artisanat

Amorgos Marionnettes et jouets faits main. (p. 93)

Musée Benaki Objets artisanaux de qualité dans la boutique du musée. (p. 100)

Galerie Zoumboulakis Estampes et affiches de grands artistes grecs. (p. 113)

Hrisanthos Un vieux spécialiste du *komboloï*. (p. 59)

Marché aux puces de Monastiraki De bonnes affaires au milieu du bric-à-brac. (en photo ; p. 59)

El.Marneri Galerie Art moderne local et beaux bijoux. (p. 49)

MATTEO COLOMBO/GETTY IMAGES ©

Accessoires

Lemisios Chaussures classiques à customiser. (p. 112)

Katerina Ioannidis Bijoux contemporains avec une touche de folklore. (p. 112)

Melissinos Art Le fils du légendaire "poète sandalier" perpétue la tradition. (p. 73)

Zacharias Articles en cuir à motifs antiques sérigraphiés. (p. 144)

Alimentation

Varvakios Agora L'incontournable marché central d'Athènes. (p. 75)

Marché fermier d'Exarhia L'un des marchés les plus pittoresques d'Athènes. (Plan p. 136 ; 6h-14h sam ; 026 , M Omonia)

Pantopoleion Produits du terroir de premier ordre. (p. 75)

Mastiha Shop Comestibles à base de mastic récolté sur l'île de Chios. (p. 113)

Musique

Yiannis Samouelian Le numéro un du bouzouki. (p. 72)

Xylouris Musiques traditionnelles grecques et instruments. (p. 94)

Plan 59 Très bonne sélection de vinyles grecs. (p. 144)

Horaires des commerces

- Fermeture normale (17h environ) : lundi, mercredi, samedi.
- Fermeture tardive (20h, parfois avec pause l'après-midi) : mardi, jeudi, vendredi.
- Exception : les magasins touristiques de Plaka ferment toujours tard.

Art et spectacles

La scène artistique et musicale d'Athènes dépend largement de la saison. Beaucoup de théâtres et de grandes salles de spectacle ferment l'été pour laisser la place aux espaces en plein air. Les Grecs adorent chanter en chœur ; autant dire que l'ambiance est souvent conviviale, même lors des concerts les plus officiels.

Festival d'Athènes et Épidaure

De juin à août, on peut assister à des tragédies de la Grèce antique ainsi qu'à des pièces, des concerts, des ballets et des opéras plus récents dans l'Odéon d'Hérode Atticus sur l'Acropole. Une occasion à ne pas manquer.

Cinémas en plein air

Regarder un film sous les étoiles fait partie des plaisirs d'Athènes à la belle saison. Généralement programmées de mai à septembre, les projections ont lieu dans des jardins et sur des toits. Consultez le site d'**Athinorama** (www.athinorama.gr), en grec, à l'aide d'un système de traduction.

Programmes et billets

Si vous lisez l'anglais, procurez-vous **Kathimerini** (www.ekathimerini.com), supplément de l'*International New York Times*, et consultez **This Is Athens** (www.thisisathens.gr) ou **Vivre Athènes** (www.vivreathenes.com) pour connaître l'agenda culturel. Le site en grec **ελculture** (www.elculture.gr) est plus complet. **Viva** (www.viva.gr/en) vend des places de spectacle.

Espaces pluridisciplinaires

Gazarte Cinéma, concerts, librairie et restaurant à Gazi. (p. 167)

TAF Expos, bar-café, cinéma et théâtre. (p. 63)

Treno sto Rouf Bar-cabaret et spectacles créatifs dans de vieux wagons. (p. 168)

Bios Chic industriel : cinéma, galerie, bar… (p. 169)

MILAN GONDA/SHUTTERSTOCK ©

Grandes salles

Théâtre national Pièces souvent sous-titrées en anglais. (p. 143)

Technopolis Concerts en plein air dans le complexe d'une ancienne usine à gaz. (en photo ; p. 169)

Centre culturel de la Fondation Stavros Niarchos Nombreux spectacles toute l'année, dont des représentations de l'Opéra national. (p. 171)

Musique live

Afrikana Jazz et musique du monde dans une petite maison bleue reconvertie. (p. 169)

Kavouras Un club de rébétiko au-dessus d'un restaurant de souvlakis d'Exarhia. (p. 143)

Half Note Jazz Club Une institution du jazz à Athènes. (p. 124)

Feidiou 2 Music Cafe Intimiste et décontracté. (p. 143)

Akordeon Excellente taverna où l'on danse sur les chansons des patrons. (p. 67)

Cinémas en plein air

Cine Paris Le doyen du genre, à un emplacement privilégié de Plaka. (p. 91)

Thission Pour se faire une toile en contemplant l'Acropole. (p. 154)

Riviera Programmation éclectique en VO sous-titrée en grec. (p. 143)

Vaut le détour

L'ultramoderne **Megaron Mousikis** (salle de concert d'Athènes ; www.megaron.gr) présente un riche programme hivernal d'opéras et de concerts. L'été, des spectacles ont lieu dans le jardin à l'arrière. Profitez-en pour naviguer parmi les 10 000 enregistrements entreposés dans la Bibliothèque musicale de Grèce.

Musées et sites

Si les ruines et les musées consacrés à l'Antiquité sont les attractions phares d'Athènes, la ville est en réalité un véritable mille-feuille historique, riche de collections remarquables, de sites archéologiques de toutes les époques et de témoignages architecturaux variés, tant sacrés que profanes.

Musées d'art

Annexe Pireos du musée Benaki Expositions d'art moderne et contemporain dans un bel espace industriel reconverti. (p. 163)

Musée national d'Art contemporain Œuvres d'artistes grecs et étrangers dans une ancienne brasserie. (p. 43)

Musée d'Art cycladique Au confluent de l'art antique et moderne ; les figurines blanches aux lignes épurées inspirèrent Picasso et Modigliani. (p. 106)

Musée d'Art islamique Poteries, bijoux, textiles et autres objets du Moyen-Orient et d'Asie datant du VIIe au XIXe siècle. (en photo ; p. 163)

Musée byzantin et chrétien Art ou civilisation ? Superbe dans tous les cas ! (p. 106)

Musées spécialisés

Musée juif L'histoire de la communauté juive en Grèce depuis le IIIe siècle av. J.-C. (p. 82)

Musée numismatique Monnaies, cachets et médailles dans une somptueuse demeure de la fin du XIXe siècle. (p. 106)

Théâtre Dora Stratou Troupe de danse folklorique, considérée par sa fondatrice comme un "musée vivant" de la tradition grecque. (p. 155)

Musée d'Art populaire grec Costumes folkloriques, broderies, tissages, poteries, marionnettes de théâtre d'ombres, etc. (p. 84)

Sites historiques et archéologiques

Koraï 4 Les salles de tortures utilisées par la Gestapo durant l'occupation d'Athènes. (p. 79)

Théâtre de Dionysos Le berceau du théâtre, sur le versant sud de l'Acropole. (p. 39)

Pnyx La colline où se tenait l'assemblée des citoyens dans l'Antiquité. (p. 151)

MILAN GONDA/SHUTTERSTOCK ©

Musée national d'Histoire L'ancien siège du Parlement grec, sur les marches duquel le Premier ministre Theodoros Deligiannis fut assassiné en 1905. (p. 84)

Lycée d'Aristote L'endroit où le philosophe dispensait son enseignement en marchant avec ses disciples. (p. 107)

Églises byzantines

Agios Dimitrios Loumbardiaris Une garnison turque menaçant les fidèles y aurait été miraculeusement foudroyée en 1648. (p. 149)

Petite Métropole (Agios Eleftherios) Contruite au XIIe siècle, l'église incorpore des fragments de frise antique. (p. 63)

Sotira Lykodimou Une église du XIe siècle renfermant des icônes du XIXe siècle. (p. 84)

À savoir

- En dehors de la haute saison estivale, la plupart des sites et musées ferment en début d'après-midi. Certains petits musées peuvent même avoir des horaires limités toute l'année. Renseignez-vous au préalable.
- Les églises n'ont pas d'horaires fixes ; entrez quand vous voyez la porte ouverte.
- Pour bénéficier de tarifs avantageux, voir *Cartes de réduction* (p. 179).

Activités et événements

TITOSLACK/GETTY IMAGES ©

Si les rues d'Athènes invitent à flâner au hasard, d'excellents circuits guidés et activités permettent toutefois d'appréhender la ville sous un angle inédit. L'agenda culturel, ainsi que les promenades à pied proposées dans ce guide vous aideront aussi à composer votre itinéraire.

Circuits organisés

This Is My Athens (www.myathens.thisisathens.org). Circuits guidés par des habitants bénévoles. Réservation 72 heures avant.

Alternative Athens (☎6951518589 ; www.alternativeathens.com ; Karaïskaki 28 ; Ⓜ Monastiraki, Thissio). Des circuits hors du commun.

Roll in Athens (☎6974231611 ; www.rollinathens.tours/fr ; Voreou 10 ; circuit demi-journée 30 € ; Ⓜ Monastiraki, Omonia). Explorez le centre-ville ou le front de mer à vélo.

Solebike (☎210 921 5620 ; www.solebike.eu ; Lembesi 11, Makrygianni ; 3 heures à partir de 45 € ; ⌚9h-17h lun-sam avr-nov, 10h-16h lun-sam sep-mars ; Ⓜ Akropoli). Découverte des sites en vélo électrique.

Festivals

Festival d'Athènes et d'Épidaure (Festival hellénique ; ☎210 928 2900 ; www.greekfestival.gr/?lang=en ; ⌚juin-août). Pièces antiques et modernes dans l'Odéon d'Hérode Atticus.

Biennale d'Athènes (☎210 523 2222 ; www.athensbiennale.org/en/ ; ⌚oct-déc). Manifestation d'art contemporain toutes les années paires ; prochaine édition en 2020.

Technopolis Jazz Festival (www.technopolisjazzfestival.com/en ; ⌚fin mai-début juin). À Gazi et au Centre Culturel Onassis.

August Moon Festival Des événements culturels sur les sites antiques sous la pleine lune d'août.

Gastronomie

Athens Walking Tours (☎210 884 7269 ; www.athenswalkingtours.gr ; Heyden 2, Viktoria ; Ⓜ Viktoria). Préparez vos propres feuilletés avec ce cours de cuisine grecque.

Athens Street Food Festival (☎210 963 6489 ; www.athensstreetfoodfestival.gr/en ; ⌚mai). Festival de la cuisine de rue, créé en 2016.

Cycle Greece (☎210 921 8160 ; www.cyclegreece.com). Excursions à vélo dans les vignobles de l'Attique.

Athènes gratuit

TETRA IMAGES/GETTY IMAGES ©

Bien qu'Athènes ne soit pas une ville très onéreuse, autant dépenser le moins possible et profiter des sites gratuits. Sans rien vous coûter, les rues et marchés vivants, de même que les monuments antiques visibles de l'extérieur des clôtures, peuvent être l'objet de visites à part entière.

Musées

Musée des Instruments de musique populaire À voir mais aussi à écouter. (p. 83)

Centre des Arts et Traditions populaires Dans la vaste demeure du folkloriste Angeliki Hatzimichali à Plaka. (p. 85)

Galerie municipale d'Athènes Œuvres d'artistes grecs des XIXe et XXe siècles. (p. 163)

Maison Benizelos Une bâtisse restaurée datant du XVIIe siècle. (p. 86)

Musée Benaki Gratuit le jeudi et ouvert jusqu'à minuit. (p. 100)

Balades

Premier cimetière d'Athènes Les tombeaux richement sculptés de l'élite athénienne du XIXe siècle. (p. 121)

Colline du Lycabette Le plus beau panorama sur la ville et la plaine de l'Attique. (p. 103)

Jardin national Un havre de verdure, juste au nord du parc du Zappéion. (p. 82)

Marché central (Varvakios Agora) Fruits et légumes, viande, poisson et monceaux d'épices. (p. 75)

Lieux photogéniques

Porte d'Hadrien L'arche romaine encadrant l'Acropole. (en photo ; p. 51)

Pnyx Le site emblématique de la démocratie athénienne jouit d'une vue imprenable sur l'Acropole. (p. 151)

Colline de Philopappos Un monument romain et une église byzantine trônent au sommet. (p. 148)

Tombe du soldat inconnu Evzones en tenue cérémonielle et visages solennels. (p. 82)

LGBTIQ+

Acceptée dans l'Antiquité, l'homosexualité se heurte aujourd'hui à une société grecque assez conservatrice. La scène gay et lesbienne de la capitale n'en est pas moins animée et attire un nombre croissant de visiteurs étrangers. L'Athens Pride (en photo) se déroule chaque année en juin depuis 2005.

KOSTAS KOUTSAFTIKIS/SHUTTERSTOCK ©

Quartiers

Haut lieu de la vie nocturne, Gazi compte quelques méga-clubs et l'on trouve des petits bars sympathiques en lisière du secteur. Il existe aussi des cafés gay-friendly autour de Plateia Agia Irini ainsi qu'à Metaxourgio et Exarhia. Alternative Athens (p. 20) organise une tournée des bars dans certains de ces quartiers.

La nuit

BeQueer La nouvelle génération de lieux nocturnes gays. (p. 167)

S-Cape Un méga-club établi de longue date à Gazi. (p. 168)

Noiz À Gazi, pour les filles. (p. 161)

BIG Le centre névralgique de la scène *bear* animée d'Athènes. (p. 168)

Koukles Spectacle de drag-queen rétro à Koukaki. (p. 49)

Le jour

Loukoumi Un espace artistique polyvalent où il se passe toujours quelque chose. (p. 72)

Myrovolos Établissement lesbien populaire. Repas grecs disponibles. (p. 161)

Beaver Collective Un café tenu par des femmes dans l'annexe Pireos du musée Benaki. (p. 168)

Rooster Café et cocktails sur la Plateia Agia Irini (p. 71), au cœur trépidant de Monastiraki.

Sites Internet

Athens Pride (www.athenspride.eu/en)

Athens Info Guide (www.athensinfoguide.com)

Athens Real (www.athens-real.com)

Avec des enfants

Athènes compte peu d'aires de jeux, mais entre les glaces, les musiciens et les chats dans la rue, les parents auront de quoi occuper leurs chérubins. Les enfants sont les bienvenus partout, et dans les restaurants personne ne voit d'inconvénient à ce qu'ils quittent la table pour jouer ensemble pendant que les adultes mangent.

NADYAEUGENE/SHUTTERSTOCK ©

Magie du cinéma

Les projections en plein air donnent une tout autre dimension au moindre blockbuster hollywoodien. Seuls les films destinés aux plus petits sont doublés ; tous les autres sont juste sous-titrés en grec.

Théâtre d'ombres

Cette forme de spectacle traditionnel plaît habituellement aux jeunes enfants. Les dialogues sont en grec, mais tout repose sur le comique de situation et la musique.

Activités

Theatro Skion Tasou Konsta Ce théâtre d'ombres situé dans le cadre familial du parc Flisvos se déplace l'hiver à Plaka. (p. 171)

Centre culturel Melina Merkouri Spectacle de théâtre d'ombres dominical toute l'année. (p. 152)

Cine Paris Un joli cadre pour voir des films en plein air dans le centre-ville. (p. 91)

Little Kook Un café au décor extravagant qui réjouira les têtes blondes. (p. 70)

Espaces verts

Jardin national Terrain de jeu, étang peuplé de canards et petit zoo. (p. 82)

Parc Stavros Niarchos Un grand parc moderne au sud du centre où louer des vélos. (p. 171)

Colline du Lycabette Un point de vue sur toute la ville, accessible en funiculaire. (p. 103)

Latraac Un café avec une rampe de skate. (p. 164)

Musées et sites

Musée d'Art enfantin Un lieu pour exprimer sa créativité et s'instruire sur la Grèce antique. (www.childrensartmuseum.gr ; 3 € ; 10h-14h mar-sam, 11h-14h dim ; M Syntagma)

Musée de la Guerre Les avions de la Seconde Guerre mondiale intéresseront les ados. (p. 106)

Athens Happy Train Tous à bord du petit train ! (p. 86)

Athènes en 4 jours

Jour 1

RICARDO DE MATTOS/GETTY IMAGES ©

Faites d'abord un tour dans le centre pour prendre vos marques, en commençant tôt le matin par la majestueuse **Acropole** (en photo ; p. 34). Redescendez par l'**Agora romaine** (p. 62) et l'**Agora antique** (p. 54). Après un souvlaki chez **Thanasis** (p. 66), baladez-vous à Plaka dans la rue commerçante **Adrianou**.

De là, direction le **musée de l'Acropole** (p. 40) et ses chefs-d'œuvre. Vers le coucher du soleil, rejoignez la foule le long de Dionysiou Areopagitou, puis montez au sommet de la **colline de Philopappos** (p. 148). Dînez ensuite chez **Strofi** (p. 44).

Allez voir un film en plein air au **Thission** (p. 154) ou au **Cine Paris** (p. 91), à Plaka. Si le temps ne s'y prête pas, prenez un verre dans le cadre cosy de **Brettos** (p. 91).

Jour 2

MIKE KEMP/GETTY IMAGES ©

Après avoir observé les *evzones* en jupe plissée et chaussures à pompon qui montent la garde devant la **tombe du soldat inconnu** (p. 82), cap sur le **musée Benaki** (p. 100), où vous pourrez aussi déjeuner.

Traversez au sud les jardins du **Musée byzantin et chrétien** (p. 106) jusqu'au **stade des Panathénées** (p. 120), puis continuez vers le **temple de Zeus olympien** (p. 116) et la **porte d'Hadrien** (p. 51).

Dînez au **Mavro Provato** (p. 121) à Pangrati ou au **Mana's Kouzina** (p. 68) à Monastiraki, bien placé près de bars comme **Six d.o.g.s.** (en photo ; p. 69) et **Noel** (p. 70). Sinon, vous trouverez de quoi grignoter dans la rue Athinaidos.

SAIKO3P/SHUTTERSTOCK ©

Débutez par les trésors du **musée national d'Archéologie** (p. 128). Rendez-vous ensuite à pied ou en bus au **marché central d'Athènes** (p. 75), avant une pause déjeuner au **Diporto Agoras** (p. 75) ou au **Karamanlidika tou Fani** (p. 65).

Dirigez-vous vers Kolonaki pour une séance de lèche-vitrines ou la visite du **musée d'Art cycladique** (p. 106) et du **Musée byzantin et chrétien** (p. 106). Au coucher du soleil, montez en funiculaire sur la **colline du Lycabette** (en photo ; p. 103), puis allez dîner au **Filippou** (p. 103) ou à l'**Oikeio** (p. 108).

Terminez par un cocktail dans un bar de Syntagma, comme **Gin Joint** (p. 90) ou le **Galaxy Bar** (p. 79). Sinon, optez pour une bière à Exarhia.

WESTEND61/GETTY IMAGES ©

Le matin, découvrez le site archéologique de **Keramikos** (en photo ; p. 158) et le **musée d'Art islamique** (p. 163) voisin. Si vous avez trop marché, un bain au **Hammam** (p. 164) vous remettra en forme avant d'aller déjeuner à l'**Ivis** (p. 66) ou à l'**Atlantikos** (p. 68).

Des œuvres contemporaines vous attendent à l'**annexe Pireos du musée Benaki** (p. 163). Vous pourrez prendre un café sur place ou à l'**Upopa Epops** (p. 154), en face. Pour dîner, rejoignez le **Steki tou Ilia** (p. 152) à Thisio ou le **Seychelles** (p. 164) à Metaxourgio.

Concluez la soirée à Gazi avec un DJ set au **Gazarte** (p. 167) ou au **Bios** (p. 169), un concert de jazz à l'**Afrikana** (p. 169), ou la musique traditionnelle du **Steki Pinoklis** (p. 169).

Les basiques

Pour plus d'informations, voir le *Carnet pratique* (p. 173)

Population
3,1 millions

Monnaie
Euro (€)

Langue
Grec

Formalités
Aucun visa pour les ressortissants européens et les Suisses, ni pour les Canadiens séjournant moins de 90 jours.

Argent
On trouve surtout des DAB dans les quartiers commerçants.

Heure locale
La Grèce avance de 2 heures (GMT/UTC) en hiver, de 3 heures en été.

Téléphones portables
Achetez une SIM pour avoir un numéro local ; vous devrez présenter votre passeport.

Pourboire
Arrondissez à l'euro supérieur si le service est compris. Sinon, ajoutez 10 à 20% de l'addition.

Budget quotidien

Moins de 130 €

Lit en dortoir : 25 €

Chambre double en pension : à partir de 75 €

Souvlaki ou *pita* : 2,50 €

Ouzo et en-cas : 3 €

Titre de transport valable 90 minutes : 1,40 €

De 130 à 250 €

Chambre double en hôtel milieu de gamme : 90-180 €

Repas dans les tavernas traditionnelles : 12–15 €

Entrée des sites et musées : 5–20 €

Taxi en ville : 5 €

Plus de 250 €

Chambre double en hôtel haut de gamme : à partir de 180 €

Repas dans une taverna branchée : à partir de 20 €

Cocktail : 10 €

Visite guidée de l'Acropole : 75 €

À prévoir

Trois mois avant Réservez votre hôtel – les meilleures adresses sont vite complètes.

Un mois avant Consultez le calendrier culturel et réservez un spectacle à l'Odéon d'Hérode Atticus, au Théâtre national ou au Megaron Mousikis. Réservez pour une grande table.

Une semaine avant Renseignez-vous sur d'éventuelles grèves (www.livingingreece.gr/strikes) ; réservez vos circuits organisés.

Arriver à Athènes

Aéroport international Eleftherios Venizelos

À Spata, 27 km à l'est d'Athènes.
Métro 10 €, 50 minutes jusqu'à Monastiraki, toutes les 30 minutes, de 6h30 à 23h30.

Bus 6 €, une heure à une heure et demie jusqu'à Syntagma, toutes les 20 à 30 minutes, 24h/24.

Taxi Prix fixe jusqu'au centre jour/nuit 38/54 €, de 30 à 45 minutes.

Port du Pirée

Le principal port de Grèce, au sud-ouest d'Athènes.
Métro 1,40 €, 30 minutes jusqu'à Thissio, fréquent de 6h30 à 23h30.

Bus 4 €, depuis le port de croisières jusqu'à Syntagma 30 minutes, et jusqu'aux principaux sites, de mai à octobre uniquement.

Taxi 20-25 € au compteur, 20 minutes.

Comment circuler

Mieux vaut explorer le centre-ville à pied.

Métro

Trois lignes, accessibles en fauteuil roulant. Service fréquent de 5h30 à 0h30 (jusqu'à 2h30 ven et sam dans le centre).

Bus et trolleybus

Réseau complet mais pas de plan imprimé (utilisez Google Maps). Les trolleybus n[os]2, 5, 11 et 15 sont les plus utiles.

Tramway

Lent trajet panoramique entre Syntagma et la côte, de 5h30 à 1h (jusqu'à 2h30 ven et sam).

Taxi

Bon marché. Hélez un véhicule dans la rue ou utilisez l'application **Beat** (www.thebeat.co/en) ou **Taxiplon** (www.taxiplon.gr/en). Supplément pour les bagages. Tarifs majorés de 60% la nuit et les jours fériés.

Les quartiers d'Athènes

Monastiraki et Psyrri (p. 53)
Deux des quartiers les plus animés, hauts lieux du shopping athénien, avec au sud la superbe Agora antique.

Gazi, Keramikos et Metaxourgio (p. 157)
La Nécropole antique de Keramikos côtoie l'ultratendance Technopolis de Gazi ainsi que les théâtres et galeries d'art de Metaxourgio.

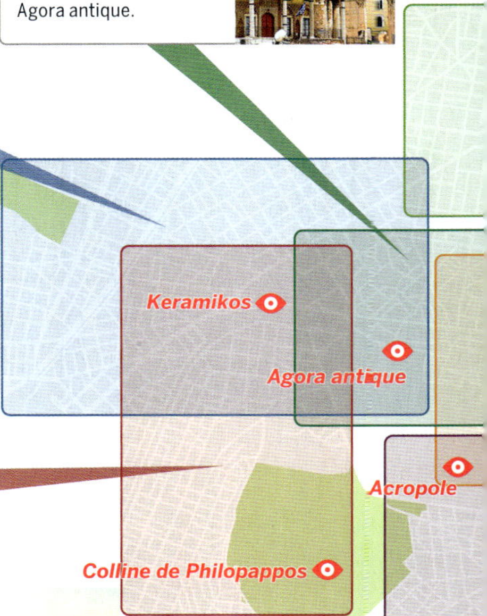

Colline de Philopappos, Thisio et Petralona (p. 147)
Un secteur paisible, entre versants semés de vestiges antiques donnant sur l'Acropole et agréables rues piétonnes aux cafés branchés.

Quartier de l'Acropole (p. 33)
Explorez la grandiose Acropole, merveille du monde antique, ainsi que ses trésors exposés dans le musée sur le flanc sud de la colline.

Omonia et Exarhia (p. 127)
À Omonia, découvrez la collection du musée national d'Archéologie, avant de vous plonger dans l'ambiance bohème d'Exarhia.

Kolonaki (p. 99)
Synonyme de chic, d'élégance et d'élitisme, ce quartier verdoyant s'enorgueillit aussi de quelques-uns des plus beaux musées d'Athènes, dont le musée Benaki.

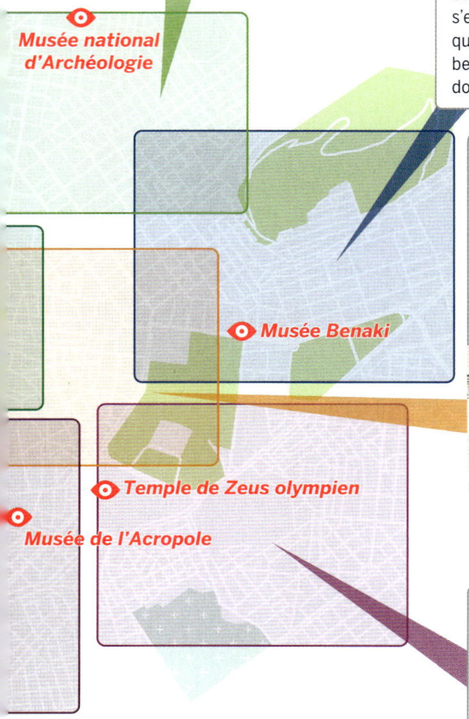

Syntagma et Plaka (p. 77)
Syntagma est le cœur de l'Athènes moderne, tandis que les ruelles, les églises et les tavernas de Plaka en font le secteur touristique par excellence.

Mets et Pangrati (p. 115)
Ces deux jolis quartiers émaillés de restaurants sans prétention se déploient autour du stade des Panathénées.

Explorer Athènes

Vue sur l'Acropole (p. 34) depuis Monastiraki (p. 53) MILAN GONDA/SHUTTERSTOCK ©

Explorer
Quartier de l'Acropole

Trônant fièrement au-dessus d'Athènes, l'Acropole est le symbole de la capitale grecque, et le Parthénon sa figure de proue. Sur le versant sud de la colline, le musée de l'Acropole met habilement en valeur les innombrables trésors archéologiques découverts lors des fouilles. Si la promenade piétonne reliant les deux sites voit défiler un monde fou, les paisibles quartiers résidentiels voisins de Makrygianni et Koukaki échappent au tourisme de masse.

Comptez au moins 1 heure 30 pour visiter l'Acropole (p. 34). Afin d'éviter les groupes, mieux vaut arriver dès l'ouverture ou avant la fermeture. Quoi que vous fassiez, rendez-vous vers midi dans la fraîcheur climatisée du musée de l'Acropole (p. 40). Après avoir parcouru la promenade piétonne, dînez sur place dans un restaurant avec vue ou dirigez-vous vers le sud pour une table plus couleur locale. Les adeptes du shopping pourront emprunter cet itinéraire plus tôt dans la journée s'ils veulent voir les petites boutiques créatives dans Veïkou.

Comment s'y rendre et circuler

M La station Akropoli (ligne rouge) se trouve à proximité du musée de l'Acropole, ainsi que de l'entrée est de l'Acropole, à deux pas de la grande avenue Leoforos Syngrou.

M Des stations Monastiraki et Thissio (lignes bleue et verte), un agréable trajet à pied conduit à l'entrée ouest de l'Acropole.

Plan du quartier de l'Acropole p. 42

Caryatides de l'Érechthéion, Acropole (p. 36) PAVLEMARJANOVIC/GETTY IMAGES ©

Les incontournables

Acropole

L'Acropole est un des sites antiques fondateurs du monde occidental. Couronnée par le Parthénon, visible de presque partout à Athènes, la "ville haute" veille sur la capitale telle une sentinelle austère. Ses temples en marbre pentélique brillent de toute leur blancheur dans le soleil de midi et prennent progressivement une teinte de miel à mesure que le soir tombe, pour s'éclairer la nuit venue.

PLAN P. 42, B1

www.odysseus.culture.gr

adulte/tarif réduit/enfant 20 €/10 €/gratuit

8h-20h mai-sept, horaires restreints en hiver, dernière entrée 30 min avant la fermeture

M Akropoli

Parthénon

Le Parthénon (en photo) symbolise toute la gloire de la Grèce antique. Dédié à Athéna Parthénos, déesse incarnant le pouvoir et le prestige de la cité, il est le plus grand temple dorique en Grèce, et le seul construit presque entièrement en marbre pentélique. Créé par les architectes Ictinos et Callicratès pour être le fleuron de l'Acropole, le Parthénon fut achevé à l'occasion des Grandes Panathénées de 438 av. J.-C., fêtes célébrées tous les quatre ans en l'honneur de la déesse de la cité.

Colonnes du Parthénon

Le temple est soutenu par d'impressionnantes colonnades doriques, composées de huit colonnes cannelées sur la largeur et dix-sept sur la longueur. Pour donner à l'ensemble une forme parfaite, les lignes ont été incurvées : les fondations (comme toutes les surfaces horizontales de l'édifice) sont légèrement concaves et les colonnes légèrement convexes, de telle sorte que l'ensemble parait droit, sans l'être vraiment. Sous la direction de Phidias, Agoracrite et Alcamène sculptèrent les frontons, les frises et les métopes, qui furent ensuite rehaussés d'or et de couleurs vives.

Frontons du Parthénon

Des sculptures délicates en haut-relief ornaient à l'origine les deux frontons du temple. Le fronton ouest représentait la dispute d'Athéna et de Poséidon pour le patronage de la cité, et le fronton est la naissance d'Athéna, sortie de la tête de Zeus. On peut voir les vestiges des frontons et les autres sculptures du site au musée de l'Acropole.

Métopes et frises

Conçues par Phidias, les métopes sont des panneaux sculptés placés entre les triglyphes cannelés. Les métopes du côté est représentent les combats des géants et les dieux de l'Olympe. À l'ouest, on y voit Thésée menant les jeunes Athéniens à la bataille contre

★ À savoir

- Arrivez tôt le matin ou en fin d'après-midi.
- L'entrée principale est celle de Dionysiou Areopagitou, près de l'Odéon d'Hérode Atticus. Il y a parfois moins de monde à l'entrée est, non loin de la station de métro Akropoli.
- Les gros sacs doivent être contrôlés à l'entrée principale (ouest).
- Un ascenseur permet l'accès du site aux fauteuils roulants ; téléphonez avant (☎ 210 321 4172).
- Achetez le billet combiné de l'Acropole (30/15 €), qui vous permettra d'accéder à cinq autre sites d'Athènes.
- Les horaires et les jours de gratuité sont indiqués sur www.culture.gr.

✕ Une petite pause ?

Arrêtez-vous au Dionysos (p. 46) pour un café avec vue sur l'Acropole.

Ou optez pour un déjeuner au Mani Mani (sur réservation ; p. 44).

les Amazones. Ceux du sud illustrent l'affrontement des Lapithes et des Centaures lors d'un banquet de noce, et ceux du nord, le pillage de Troie. La cella (salle abritant la statue de la déesse) était surmontée d'une frise ionique dépeignant la procession des Panathénées.

Statue d'Athéna Polias

La statue qui inspira l'érection du temple – l'Athéna Polias (Athéna de la cité) – est considérée comme l'une des merveilles du monde antique. Conçue par Phidias et achevée en 432 av. J.-C., elle se dressait à presque 12 m sur son piédestal et était recouverte d'or. Son visage, ses mains et ses pieds étaient en ivoire, et ses yeux en pierres précieuses. En 426, la statue fut transportée à Constantinople, où elle disparut.

Temple de Poséidon

Bien que Poséidon n'ait pas remporté la cité, un temple lui était dédié sur le côté nord de l'Érechthéion. Le portique à caissons, qui porte encore la trace de son trident, était autrefois orné de couleurs vives.

Érechthéion

Achevé vers 406 av. J.-C., ce sanctuaire fut édifié sur la partie la plus sacrée de l'Acropole, où Poséidon avait frappé le sol de son trident, et où Athéna avait fait naître l'olivier (voir p. 37). Le temple était consacré au culte d'Athéna, de Poséidon et d'Érechthée, roi mythique d'Athènes. Ce magnifique exemple d'architecture ionique a été construit sur plusieurs niveaux pour compenser l'irrégularité du terrain.

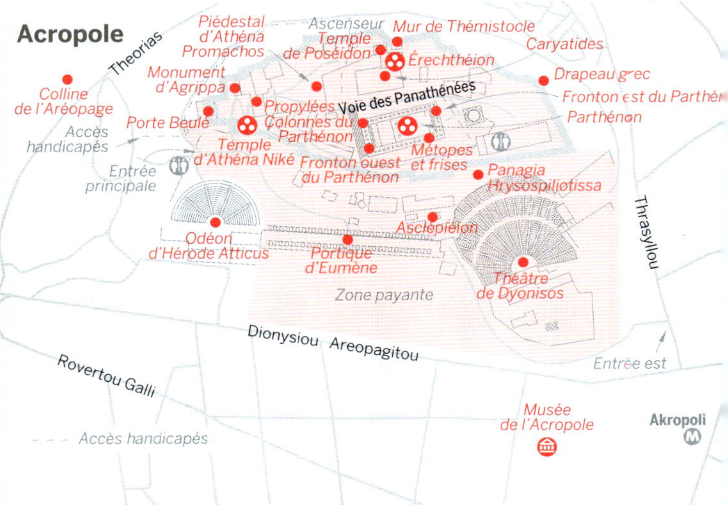

L'histoire de l'Acropole

Affrontement pour Athènes

La création d'Athènes est enveloppée de mythes. Après que le Phénicien Cécrops eut fondé une ville sur un énorme rocher près de la mer, les dieux de l'Olympe proclamèrent qu'elle devait hériter du nom de la divinité qui ferait le don le plus précieux aux mortels. Athéna (déesse de la Sagesse) leur donna l'olivier, symbole de paix et de prospérité. Poséidon, le dieu de la Mer, frappa un rocher de son trident, faisant jaillir une source d'eau salée, évocation de la puissance maritime. Les dieux jugèrent que le don d'Athéna serait plus utile aux habitants, car il leur fournirait nourriture, huile et bois.

Construction de l'Acropole

Le site fut peuplé dès le néolithique (4000-3000 av. J.-C.). Les premiers temples furent érigés à l'époque mycénienne en hommage à la déesse Athéna. L'Acropole fut habitée jusqu'à la fin du VIe siècle av. J.-C., mais, en 510 av. J.-C., l'oracle de Delphes annonça que la colline devait être uniquement le domaine des dieux.

Les Perses ayant réduit en cendres tous les édifices de l'Acropole à la veille de la bataille de Salamine (480 av. J.-C.), Périclès mit en œuvre un ambitieux programme de reconstruction. Il transforma la ville haute en un sanctuaire florissant, marquant ainsi l'apogée architectural de l'âge classique grec. Les meilleurs architectes, sculpteurs, ainsi que les matériaux les plus nobles furent employés à la réalisation de ce projet. Athènes abritait au temps de sa splendeur une profusion d'édifices colorés et de statues monumentales, certaines en bronze, d'autres en marbre plaqué d'or et incrustées de pierres précieuses.

Conservation du site

Les années d'occupation étrangère, les restaurations inappropriées, l'afflux de visiteurs, les séismes et, plus récemment, les pluies acides et la pollution ont endommagé les monuments. Mais la pire épreuve eut lieu en 1687, quand les Vénitiens firent feu sur l'Acropole, provoquant une explosion dans le Parthénon, où les Ottomans entreposaient de la poudre à canon. En 1801, lord Elgin s'empara d'un fragment des frises du Parthénon, exposée aujourd'hui encore au British Museum malgré la demande de restitution de la Grèce.

Inscrite au patrimoine mondial de l'Unesco en 1987, l'Acropole est actuellement l'objet de travaux de restauration de grande ampleur. La plupart de ses statues et reliefs d'origine ont été transférés au musée de l'Acropole et remplacés par des répliques.

EDWIN REMSBERG/GETTY IMAGES ©

Odéon d'Hérode Atticus

Portique des caryatides

L'Érechthéion se reconnaît d'emblée aux six caryatides (415 av. J.-C.) qui soutiennent son portique sud. L'allure de ces jeunes filles a été inspirée de celle des femmes de Caryes (l'actuelle ville de Karyès, en Laconie). On pense que chacune devait porter un bol de libation dans une main et retenir son drapé de l'autre. Celles que l'on voit sont des reproductions en plâtre ; les originaux (à l'exception de celle exposée au British Museum) se trouvent au musée de l'Acropole.

Mur de Thémistocle

Le général Thémistocle (524-459 av. J.-C.) s'empressa d'édifier un mur de protection autour de l'Acropole, n'hésitant pas à utiliser pour ce faire des vestiges de temples plus anciens. En bas de la colline, depuis Monastiraki, on aperçoit des tambours de colonne incrustés dans l'enceinte du côté nord de l'Érechthéion.

Propylées

Construites par Mnésiclès entre 437 et 432 av. J.-C., ces portes monumentales composées d'un corps central flanqué de deux ailes constituaient les seules entrées vers la "ville haute" et la voie des Panathénées. Le plafond de la salle centrale était orné d'étoiles dorées peintes sur un fond bleu. L'aile nord servait de pinacothèque.

Temple d'Athéna Nikè

Restauré récemment, ce petit temple en marbre pentélique, aux proportions exquises, fut conçu par

Callicratès et érigé vers 425 av. J.-C. Sa cella abritait une statue en bois d'Athéna Victorieuse (Nikè) et une frise extérieure dépeignait des scènes de la mythologie, la bataille de Platée (479 av. J.-C.), ainsi que les Athéniens luttant contre les Béotiens et les Perses. Des fragments de la frise se trouvent au musée de l'Acropole, de même qu'une superbe représentation de la déesse ajustant sa sandale.

Porte Beulé et monument d'Agrippa

La porte Beulé (du nom de l'archéologue français qui la découvrit en 1852) se dresse au pied de l'escalier qui menait aux Propylées. À mi-parcours, le socle de 8 m de hauteur supportait le monument d'Agrippa, une statue en bronze érigée en 27 av. J.-C. pour commémorer la victoire du général romain lors des Panathénées.

Odéon d'Hérode Atticus

Érigé en 161 par le riche Romain Hérode Atticus en mémoire de son épouse Regilla, ce grand théâtre a été fouillé en 1857-1858 et entièrement restauré dans les années 1950. Plus grand édifice du versant sud, l'Odéon est toujours en activité (p. 49) et peut accueillir jusqu'à 5 000 spectateurs.

Asclépiéion et portique d'Eumène

À l'est de l'Odéon, des marches mènent à l'Asclépiéion, temple érigé autour d'une source sacrée. Le culte d'Esculape, médecin et fils d'Apollon, naquit à Épidaure et fut introduit à Athènes en 429 av. J.-C., alors qu'une épidémie de peste ravageait la ville. Sous l'Asclépiéion se dresse le portique édifié par Eumène II, roi de Pergame (197-159 av. J.-C.), pour servir d'abri et de promenade aux spectateurs.

Théâtre de Dionysos

Le théâtre en bois bâti ici au VIe siècle av. J.-C. aurait été le plus ancien au monde. Reconstruit en pierre et en marbre entre 342 et 326 av. J.-C., il avait une capacité de 17 000 places sur 64 rangées de gradins, dont une vingtaine existent encore. Un autel à Dionysos se dressait au milieu de l'orchestre.

Trônes et sculptures du théâtre de Dionysos

Sur les trônes en marbre pentélique du premier rang siégeaient les dignitaires et les prêtres. Le plus majestueux, orné de pattes de lion, de satyres et de griffons, était réservé au prêtre de Dionysos. À l'arrière de la scène, des bas-reliefs du IIe siècle av. J.-C. dépeignent les exploits du dieu.

À l'abri près de la billetterie se tiennent deux statues de Silène, satyre et père adoptif de Dionysos, qui n'aimait rien tant que poursuivre les nymphes de ses assiduités.

Les incontournables

Musée de l'Acropole

Sur le versant sud de l'Acropole, cet imposant bâtiment contemporain rassemble les précieux vestiges du site. Si la collection couvre aussi les périodes archaïque et romaine, l'accent est plutôt mis sur le Ve siècle av. J.-C., époque considérée comme l'apogée de l'art grec. Les sols transparents permettent de remonter les strates historiques successives et replacer les chefs-d'œuvre dans leur contexte d'origine.

PLAN P. 42, C3

www.theacropolismuseum.gr

adulte/enfant 5 €/gratuit

8h-16h lun, 8h-20h mar-dim, 8h-22h ven avr-oct, 9h-17h lun-jeu, 9h-22h ven, 9h-20h sam-dim nov-mars

M Akropoli

Première galerie

Dans cette galerie au sol en verre, révélant des ruines en contrebas, sont rassemblés divers objets exhumés sur les pentes de l'Acropole. Parmi eux figurent deux statues en terre cuite de Niké (près de l'entrée) et des offrandes votives provenant des sanctuaires.

Galerie archaïque

Le 1er étage est une véritable forêt de statues, la plupart découvertes dans une même fosse sur l'Acropole. D'étonnants exemples de korê (statue de jeune fille debout) du VIe siècle av. J.-C. portent de gracieux drapés et des tresses élaborées tombant sur leurs épaules. Le Moscophore (environ 570 av. J.-C.), un kouros portant un veau, fait partie des rares effigies masculines mises au jour.

Trésors des temples antérieurs

La galerie recèle aussi des figurines de bronze et d'autres objets provenant de temples antérieurs au Parthénon, notamment la magnifique sculpture d'Hercule tuant l'Hydre de Lerne.

Caryatides

Sur la mezzanine sont exposées cinq caryatides (en photo), les vierges qui soutenaient l'Érechthéion. La 6e se trouve au British Museum.

Galerie du Parthénon

Point d'orgue du musée, l'atrium en verre du dernier étage donne à voir les sculptures et métopes du Parthénon, ainsi qu'une frise de 160 m de long illustrant la procession des Panathénées. L'ouverture du musée en 2007 permit d'exposer la frise dans son intégralité, ce qui n'était plus arrivé depuis près de trois siècles. Entre les fragments originaux, les moulages en plâtre blanc reconstituent les parties dérobées par lord Elgin en 1801, toujours conservées au British Museum.

★ À savoir

- L'achat de billets en ligne vous épargnera la file d'attente.
- Entrée gratuite pour les étudiants et les moins de 18 ans de l'UE ; tarif réduit pour les autres étudiants et mineurs ainsi que les plus de 65 ans de l'UE.
- Ne manquez pas le film retraçant l'histoire de l'Acropole (dernier étage), ni l'intéressante boutique du musée.
- Dernière entrée 30 minutes avant la fermeture. Les visiteurs doivent quitter les galeries un quart d'heure avant la fermeture.
- On peut monter au restaurant du dernier étage sans payer l'entrée au musée.

✕ Une petite pause ?

Le café-restaurant du musée offre une vue superbe sur l'Acropole (plats 10-15 €). On peut manger à l'intérieur ou siroter un café sur la terrasse. Sinon, Mikro Politiko (p. 45) sert de bons souvlakis.

A
B
C
D
0
200 m
1
2
3
4
5
6
2 Colline de l'Aréopage
Acropole
PLAKA
Theorias
21
Thespidos
Afroditis
Epimenidou
Goura
Thrasyllou
Vyronos
Frynihou
Dionysiou Areopagitou
13
Musée d'Orfèvrerie Ilias Lalaounis
3
Kallisperi
8
10
7
Rovertou Galli
Fratti
Makri
Tzireon
Musée de l'Acropole
Akropoli
Karyatidon
Promahou
14
15
Porinou
Diakou Ath
19
Colline de Philopappos
Garivaldi
Kavalloti
MAKRYGIANNI
Kavalloti
Hatzihristou
24
12
Lembesi
Propyleon
Erehthiou
Parthenos
Petmeza
Zitrou
25
Athens Adventures
4
Strateon
Funky Ride
5
9
Lossif Rogon
Mouson
Drakou
Tsami Karatasou
16
Vourvahi
Koryzi
Veïkou
6
Liakou
Dimitrakopoulou N
Nakou
Gioni
20
Zaharitsa
Markou Botsari
S Kontouli
Falirou
Leof Andreas Syngrou
Petmeza
Dikeou
Botsari Noti
Plateia Gargarettas
Kallirrois
Plateia Ag Pandeleimonos
Botsari Tousa
18
Drakou
Sismani
Iras
Alkimou
Inglesi
Plateia Kynosargous
Veïkou
Androutsou Od
Aglaonikis
KOUKAKI
Falirou
Sygrou-Fix
Tymfristou
17
Falirou
Sehou D
Irakleous
Zan Moreas
11
Zini
Klada
Theonos
Musée national d'Art contemporain
1
Ekateou
22
Fotomara
23
Leof Andreas Syngrou
Andisthenous
Frantzi Amvrosiou
Lysimahias
Tharypou
Nos adresses
Les incontournables p. 34
Voir p. 43
Se restaurer p. 44
Prendre un verre p. 47
Sortir p. 49
Shopping p. 49

Voir

Musée national d'Art contemporain

MUSÉE

1 PLAN P. 42, B5

Ouvert en 2015 dans les locaux de l'ancienne brasserie Fix, ce musée accueille une collection permanente de peintures, installations, photos, vidéos et architecture expérimentale ainsi que des expositions temporaires d'art contemporain grec et international. Si la façade du bâtiment est un peu rebutante, la qualité est souvent au rendez-vous. (EMST ; 211 101 9000 ; www.emst.gr/en/ ; Kallirrois et Frantzi, Koukaki-Syngrou ; tarif plein/réduit/enfant 4 €/2 €/gratuit ; 11h-19h mar-dim ; M Sygrou-Fix)

Colline de l'Aréopage

PARC

2 PLAN P. 42, A1

Cet affleurement rocheux en bas de l'Acropole offre une vue splendide sur l'Agora antique. D'après la mythologie, c'est ici qu'Arès fut jugé et acquitté par le conseil des dieux pour le meurtre d'Halirrhothios, le fils de Poséidon, qui avait violé sa fille Alcippe. (M Monastiraki)

Musée d'Orfèvrerie Ilias Lalaounis

MUSÉE

3 PLAN P. 42, B2

Ces quelque 4 000 bijoux et objets d'art décoratif inspirés notamment de l'Antiquité grecque illustrent le talent d'Ilias Lalaounis (né en 1920), orfèvre de renom

Musée national d'Art contemporain

PITK/SHUTTERSTOCK ©

Le drapeau de l'Acropole

Le grand drapeau grec à l'extrémité est de l'Acropole rappelle l'acte de résistance de deux adolescents qui, en 1941, au début de l'occupation nazie, montèrent au sommet du site pour y faire flotter les couleurs nationales. Une plaque en cuivre à proximité commémore l'événement.

qui réalisa des parures pour des stars comme Elizabeth Taylor et Melina Mercouri. Observez l'artisan à l'œuvre dans son atelier, avant de faire un tour dans la petite boutique. (210 922 1044 ; www.lalaounis-jewelrymuseum.gr ; Kallisperi 12, angle Karyatidon, Makrygianni ; adulte/enfant 5 €/gratuit ; 9h-15h mar-sam, 11h-16h dim ; M Akropoli)

Athens Adventures — VISITES

4 PLAN P. 42, C3

L'équipe de l'auberge de jeunesse Athens Backpackers propose une visite à pied d'Athènes (7 € ; 10h lun-sam) très populaire. Pas besoin de réserver. (210 922 4044 ; www.athensadventures.gr ; Veïkou 3a, Makrygianni ; M Akropoli)

Funky Ride — VÉLO

5 PLAN P. 42, C3

Louez un vélo pour parcourir le secteur de l'Acropole les cheveux au vent. (211 710 9366 ; www.funkyride.gr ; Dimitrakopoulou 1, Koukaki ; 3 heures/journée 7/15 € ; M Akropoli)

Se restaurer

Mani Mani — GREC €€

6 PLAN P. 42, C3

Dans un cadre élégant au 1er étage, ce délicieux restaurant moderne s'est spécialisé dans la cuisine du Magne (région du Péloponnèse). Les raviolis aux blettes et la saucisse relevée à l'orange sortent du lot. (210 921 8180 ; www.manimani.com.gr ; Falirou 10, Makrygianni ; plats 15-20 € ; 14h-23h, lun-sam, 13h-18h dim ; M Akropoli)

Strofi — GREC €€

7 PLAN P. 42, A2

Réservez pour profiter de la vue sur le Parthénon depuis le toit de cette jolie demeure, rénovée avec goût. Une cuisine simple de viandes et poisons grillés, mais le cadre élégant, les nappes blanches et le service affable ajoutent à l'ambiance romantique. (210 921 4130 ; www.strofi.gr ; Rovertou Galli 25, Makrygianni ; plats 11-15 € ; 12h-1h, fermé le lundi nov-avr ; M Akropoli)

Mikro Politiko — RESTAURATION RAPIDE €

8 PLAN P. 42, D2

Une aubaine après la visite de l'Acropole, ce fast-food au personnel aimable propose des souvlakis, des falafels et des salades à base d'ingrédients frais, bien supérieurs à ceux de la concurrence. Prenez à emporter, ou dégustez votre en-cas sur les bancs à l'avant. (210 321 7879 ; Dionysiou Areopagitou 8, Makrygianni ; souvlaki 1,70 € ; 11h-minuit ; M Akropoli)

Lotte Cafe-Bistrot CAFÉ €

9 PLAN P. 42, B3

Loin des bruits de la ville, ce petit café charmant, décoré de vieux livres et de services à thé, dispose aussi de quelques tables sur un coin de trottoir à l'ombre des arbres. Carte de pâtisseries et d'en-cas maison. (211 407 8639 ; Tsami Karatsou 2, Makrygianni ; en-cas 2,50-7 € ; 9h-2h ; M Akropoli)

Fresko Yogurt Bar DESSERTS €

10 PLAN P. 42, D2

Le yaourt grec dans tous ses états : frais ou sous forme de smoothie, accompagné de nombreuses garnitures au choix, du chocolat à la marmelade de cerise noire. Très rafraîchissant après la visite de l'Acropole. (210 923 3760 ; www.freskoyogurtbar.gr ; Dionysiou Areopagitou 3, Makrygianni ; yaourt à partir de 2,20 € ; 9h-21h ; M Akropoli)

Fabrika tou Efrosinou GREC €€

11 PLAN P. 42, A5

Baptisé du nom du saint patron des cuisiniers, ce restaurant sur

Colline de l'Aréopage (p. 43)

Enclave huppée

Les belles demeures le long de Dionysiou Areopagitou et des rues juste en retrait comptent parmi les plus convoitées d'Athènes. Au croisement de Parthenos, notez le tracé de la maison du philosophe Proclus (Ve siècle), aujourd'hui recouverte par la chaussée.

deux niveaux met à l'honneur les ingrédients de qualité et les recettes grecques peu courantes. Le mariage réussi entre la cuisine saine en portions généreuses, les vins excellents (l'un des patrons est vigneron) et la bonne ambiance fait oublier le service parfois inégal. Réservez le week-end. (Zini 34, Koukaki ; plats 8-17 € ; 13h30-23h mar-jeu, jusqu'à minuit ven-sam, 13h-22h dim ; M Sygrou-Fix, Fix)

Aglio, Olio & Peperoncino

ITALIEN €€

12 PLAN P. 42, D3

Les pâtes sans prétention et autres plats simples de cette chaleureuse trattoria satisferont votre appétit à prix raisonnable. Ajoutez à cela le plaisir de manger dans une rue tranquille, à l'abri des rabatteurs de restaurants qui sévissent devant le musée de l'Acropole voisin. (210 921 1801 ; Porinou 13, Makrygianni ; plats 15-25 € ; 18h-minuit mar-sam, 14h-19h dim ; M Akropoli)

Dionysos

MÉDITERRANÉEN €€€

13 PLAN P. 42, A2

Juste en face de l'entrée principale de l'Acropole, Dionysos est le lieu de prédilection des groupes de touristes à l'heure du déjeuner. Mieux vaut venir à l'heure du café ou en soirée, quand les bus sont partis, et profiter à l'aise de la vue imprenable sur le versant sud du site. Cuisine chère mais savoureuse et service attentif. (210 923 1936 ; www.dionysoszonars.gr ; Rovertou Galli 43, Makrygianni ; plats 19-36 € ; restaurant 12h-1h, café 8h-1h ; M Akropoli)

Point a

MÉDITERRANÉEN €€

14 PLAN P. 42, C3

Le restaurant sur le toit de l'**Herodion Hotel** (www.herodion.gr), dont la vue somptueuse embrasse l'Acropole et son musée, attire une clientèle de visiteurs et d'habitués. Ses fameux "tapas cocktails" sont servis avec des amuse-bouche, tels que *loukoumades* (beignets) fourrés au fromage *manouri* d'Elassona. On peut aussi commander des versions créatives de spécialités grecques et méditerranéennes comme le *sofrito* (veau à la mode de Corfou). (210 923 6832 ; www.acropolispoint.com ; Rovertou Galli 4a ; plats 15-24 € ; 19h-minuit juin-oct ; ; M Akropoli)

Prendre un verre

Little Tree Book Cafe

CAFÉ

15 PLAN P. 42, C3

Ce bar sympathique a la faveur des habitants du quartier, qui viennent pour les livres et la conversation autant que pour l'excellent café, les cocktails et les en-cas. (210 924 3762 ; www.facebook.com/littletreebooksandcoffee ; Kavalloti 2, Makrygianni ; 8h-23h mar-ven, 9h-23h30 sam-dim ; M Akropoli)

Tiki Athens

BAR

16 PLAN P. 42, C3

Le décor kitsch, les concerts en tout genre, la carte d'inspiration asiatique et la jeune clientèle alternative font de ce bar sur deux étages un endroit amusant pour prendre un verre. (210 923 6908 ; www.tikiathens.com ; Falirou 15, Makrygianni ; 11h-3h, 11h-4h ven-sam, 11h-2h dim ; M Akropoli)

Materia Prima

BAR À VINS

17 PLAN P. 42, B5

Loin de l'image traditionnelle des bars à vins, l'alternatif Materia Prima se consacre aux productions artisanales du monde entier dans un sobre décor tout en bois clair. (210 924 5935 ; www.facebook.com/materia.prima.winebar/ ; Falirou 68, Koukaki ; 17h-1h ; M Sygrou-Fix)

Kinono

CAFÉ

18 PLAN P. 42, B4

Un café-bar moderne, clair et spacieux, dont le cadre tout en bois blond et éléments industriels est tempéré par des touches plus douces, comme les orchidées suspendues et les bonnes soupes du jour. D'autres agréables cafés bordent la rue. (211 408 6826 ; Falirou 48, Koukaki ; 10h-2h, jusqu'à 3h15 ven-sam ; ; M Sygrou-Fix)

Hitchcocktales

BAR À COCKTAILS

19 PLAN P. 42, D3

Un bar de style industriel en béton brut, dans une rue tranquille, avec des coussins pour s'asseoir à l'extérieur et des scènes de films d'Alfred Hitchcock peintes à la bombe sur le mur d'en face. Le service est irréprochable et le fond musical plutôt swing, jazz, soul et funk – le volume sonore monte plus tard dans la soirée. (210 921 0023 ; www.facebook.com/hitchcock.athens ; Porinou 10 ; 17h-4h ; M Acropolis)

Une pause au calme

La rue Drakou, une voie piétonnière arborée entre Veïkou et Leoforos Syngrou, est jalonnée de bars et de cafés. Aucun ne sort véritablement du lot, mais le secteur a l'avantage d'échapper à la cohue touristique.

Sfika

CAFÉ-BAR-RESTAURANT

20 PLAN P. 42, B4

Difficile de faire plus local que la "Guêpe", une adresse de quartier au cadre jaune vif et à l'atmosphère étudiante alternative. Musique live à l'occasion. (210 922 1341 ; Stratigou Kontouli 15, Makrygianni ; 11h-2h ; M Akropoli)

Duende

BAR

À l'écart de l'agitation touristique voisine, ce pub (voir 10 Plan p. 42, D2) intimiste a presque des allures de brasserie parisienne. Préférez le vin et le whisky aux cocktails et à la nourriture. (Tzireon 2, Makrygianni ; 20h-3h ; M Akropoli)

Berceau du théâtre

Les Dionysies

Le premier théâtre au monde fut construit au VIe siècle av. J.-C. sur le versant sud de l'Acropole, après l'introduction des Dionysies (fêtes en l'honneur de Dyonisos) par le tyran Pisistrate. Athènes tout entière se regroupait pour assister à ces compétitions, où des hommes vêtus de peaux de chèvre chantaient et dansaient avant de laisser place à de grandes festivités. L'art dramatique tel que nous le connaissons remonte à ces concours de tragédie. Durant l'un d'eux, le poète et dramaturge Thespis aurait quitté le chœur pour intervenir seul au centre de la scène, devenant ainsi le premier véritable comédien de l'Histoire.

L'âge d'or

Durant l'âge d'or de la Grèce, au Ve siècle av. J.-C., la fête annuelle des Dionysies était l'un des événements majeurs dans la cité. Les hommes politiques patronnaient les tragédies d'Eschyle, de Sophocle et d'Euripide, ainsi que les comédies d'Aristophane. On venait de toute l'Attique pour y assister, aux frais de l'État.

Le théâtre grec contemporain

La capitale grecque jouit toujours d'une scène théâtrale de qualité. En été, le Festival hellénique (p. 20) donne lieu à des représentations d'œuvres antiques – et plus modernes – dans l'**Odéon d'Hérode Atticus** (p. 49), en même temps qu'au théâtre merveilleusement préservé d'Épidaure (Péloponnèse).

En hiver, les quelque 200 salles de la ville programment toutes sortes de pièces, de Sophocle à Beckett en passant par les dramaturges grecs contemporains. Le **Théâtre national** (p. 143) est l'endroit où aller pour des représentations sous-titrées en anglais.

Sortir

Odéon d'Hérode Atticus

THÉÂTRE

21 PLAN P. 42, A1

D'une capacité de 5 000 spectateurs, l'Odéon antique accueille une programmation variée de pièces, musique et danse du festival d'Athènes et d'Épidaure (p. 20) en été, ainsi que de grands concerts pop de temps à autre. (Hérodéon ; 210 324 1807 ; M Akropoli)

Mikrokosmos

CINÉMA

22 PLAN P. 42, A5

Un super cinéma d'art et d'essai doté de sièges confortables et d'un bar très agréable. (210 923 0081 ; www.facebook.com/mikrokosmoscinema ; Leoforos Syngrou 106, Koukaki ; adulte/enfant 7/5 € ; M Sygrou-Fix)

Koukles

SPECTACLE

23 PLAN P. 42, A5

Spectacle de travestis, kitsch à souhait. (694 755 7443 ; Zan Moreas 32, Koukaki ; minuit-4h ; M Sygrou-Fix)

Shopping

El.Marneri Galerie

BIJOUX, OBJETS D'ART

24 PLAN P. 42, D3

Admirez les expositions temporaires d'art moderne local et quelques-uns des plus beaux bijoux de la ville, comme les créations de la maison Astarti. Des pièces faites main, originales et qui accrochent l'œil. (210 861 9488 ; www.elenimarneri.com ; Lembesi 5-7, Makrygianni ; 11h-20h mar, jeu et ven, jusqu'à 16h mer et sam ; M Akropoli)

Lovecuts

VÊTEMENTS

25 PLAN P. 42, C3

Une jeune styliste grecque fabrique ici de ravissants vêtements en coton à prix abordables, dont des sweat-shirts réversibles et des jupes aux imprimés fantaisie. La rue compte d'autres petites boutiques créatives du même genre. (215 501 1526 ; Veïkou 2, Makrygianni ; 10h-17h lun et mer, 10h-14h30 et 17h15-20h30 mar, jeu et ven, 10h-15h sam, 11h-16h dim ; M Akropoli)

Promenade à pied

Athènes antique

La découverte des grands sites antiques de la ville peut être l'occasion d'une promenade bien remplie. Commencez par le temple de Zeus olympien, passez par le musée de l'Acropole, puis montez jusqu'à l'Acropole, avant de redescendre de l'autre côté de la colline sacrée, vers Plaka et Monastiraki, où se trouvent l'Agora romaine et l'Agora antique. Si vous n'avez qu'un seul jour pour les visites, suivez cet itinéraire.

La promenade

Départ Temple de Zeus olympien ; M Akropoli

Arrivée Agora antique ; M Monastiraki, Thisio

Distance 2,4 km

Durée 3 heures 30

❶ Temple de Zeus olympien

L'exceptionnel **temple de Zeus olympien** (p. 116), plus grand temple de Grèce, possédait à l'origine 104 colonnes corinthiennes (il en subsiste 15). Commencée au VIe siècle av. J.-C., sa construction fut achevée par Hadrien, en 131.

❷ Porte d'Hadrien

Veillant sur la circulation, la **porte d'Hadrien** (p. 117 ; angle Leoforos Vasilissis Olgas et Leoforos Vasilissis Amalias ; entrée libre ; M Akropoli, Syntagma), toute de marbre pentélique, fut érigée en 132 pour marquer la limite entre l'Athènes antique et la cité romaine.

❸ Musée de l'Acropole

Le **musée de l'Acropole** (p. 40) conserve d'inestimables sculptures provenant de la colline sacrée : caryatides, remarquables pièces issues des frontons, métopes et frises du Parthénon, etc.

❹ Théâtres antiques

De l'entrée est de l'Acropole, gravissez le versant sud pour explorer le **théâtre de Dionysos** (p. 39) – berceau de l'art dramatique – et le somptueux **Odéon d'Hérode Atticus** (p. 49), bâti en 161 et toujours en activité.

❺ Acropole

L'**Acropole** (p. 34) est le plus grand site antique du monde occidental. Jetez un coup d'œil au petit temple restauré d'Athéna Nikè, puis franchissez les monumentales Propylées (portes) pour aller visiter le Parthénon et son voisin l'Érechthéion, doté d'un porche orné de statues de caryatides. Du sommet, par temps clair, on peut voir à des kilomètres à la ronde.

❻ Agora romaine

Quittez l'Acropole par la porte ouest pour rejoindre l'**Agora romaine** (p. 62), ancien forum d'Athènes construit au Ier siècle avant notre ère par l'empereur Auguste. La **tour des Vents** (p. 62), qui servait de cadran solaire, de girouette, de clepsydre et de boussole, en est l'édifice le plus remarquable.

❼ Agora antique

L'**Agora antique** (p. 54), haut lieu de la démocratie, de la philosophie et du commerce, englobe le superbe temple d'Héphaïstos et un excellent musée, dans le *stoa* du roi Attale.

Une petite pause ?

Optez pour le restaurant du musée de l'Acropole et sa vue magnifique sur le Parthénon. Sinon, **Dioskouri** (p. 67), près de l'Agora antique, fait partie des nombreuses bonnes adresses du quartier où manger des mezze traditionnels.

Explorer
Monastiraki et Psyrri

Entre l'église byzantine Panagia Pandanassa (Xe siècle) – surnommée le "petit monastère" (monastiraki) – et la mosquée ottomane Tzistarakis (1759) se détachant sur fond d'Acropole, la grande place de Monastiraki est un concentré d'histoire grecque. Au nord, Psyrri révèle, derrière ses façades décrépites, un quartier plein d'énergie, émaillé de bars-restaurants, d'entrepôts reconvertis, d'ateliers et de galeries, où fleurissent le street art et l'art contemporain.

Commencez la journée en consacrant environ 1 heure 30 à la découverte de l'Agora antique (p. 54), puis visitez l'Agora romaine (p. 62), siège de la curieuse tour des Vents et de la mosquée Fethiye. Déjeunez dans Adrianou ou gagnez Psyrri pour un repas de fruits de mer décontracté à l'Atlantikos (p. 68). Arpentez ensuite le marché aux puces de Monastiraki, avec une pause café à l'Orea Hellas (p. 69). Après un dîner au son de la musique grecque à l'Akordeon (p. 67) ou un kebab chez Thanasis (p. 66), direction le Six d.o.g.s. (p. 69), le Noel (p. 70) ou l'un des nombreux autres bars animés du secteur.

Comment s'y rendre et circuler

M La station Monastiraki (lignes bleue et verte) est la plus centrale.

M La station Thissio (ligne verte) est également pratique pour rejoindre Psyrri.

M La station Omonia (lignes verte et rouge) est plus proche du marché central et de la partie nord de Psyrri.

Plan de Monastiraki et Psyrri p. 60

Temple d'Héphaïstos (p. 55) WESTEND61/GETTY IMAGES ©

Les incontournables

Agora antique

Place publique bâtie au VIe siècle av. J.-C., l'Agora était le centre de la vie politique et sociale de l'Athènes antique. Socrate y exposa sa philosophie et, en 49, saint Paul y prêcha le christianisme. Plus tard, les Ottomans construisirent un quartier sur le site, qui fut démoli après l'indépendance de 1830. Ce coin de verdure paisible recèle un temple bien restauré, un musée et une église byzantine du Xe siècle.

PLAN P. 60, D5

odysseus.culture.gr

Adrianou 24, Monastiraki

tarif plein/réduit/enfant
8 €/4 €/gratuit

8h-20h mai-oct, 8h-15h nov-avr

M Monastiraki

Portique d'Attale

Ce majestueux portique (*stoa*, en grec) édifié par le roi Attale II Philadelphe, roi de Pergame (159–138 av J.-C.), fut essentiellement une galerie marchande. Il abrite aujourd'hui le musée du site. Reconstruit à l'identique dans les années 1950 par l'American School of Archaeology, l'édifice compte 45 colonnes doriques au rez-de-chaussée et des colonnes ioniques dans sa partie supérieure.

Musée de l'Agora

Le niveau supérieur du portique était fermé lors de notre passage, d'où la cohue au rez-de-chaussée. Si vous avez le courage d'affronter la foule, le musée renferme de belles sculptures, dont une tête de Niké en bronze aux yeux incrustés, et des objets de la vie quotidienne découverts sur place, notamment les premiers bulletins de vote en pierre, des monnaies et des figurines en terre cuite. Les pièces les plus anciennes datent de 4000 av J.-C.

Ostraka

Parmi les curiosités du musée figurent des *ostraka* (sing : *ostrakon*), ces tessons de poterie utilisés pour voter le bannissement d'hommes politiques de la cité – dont dérive le mot *ostracisme*. Beaucoup portent le nom du trop ambitieux Thémistocle, exilé en -471, et l'un d'eux mentionne même Périclès, le père de la démocratie athénienne.

Temple d'Héphaïstos

À l'extrémité opposée (ouest) de l'Agora se dresse le temple dorique le mieux préservé de Grèce. Bâti en 449 av. J.-C. par Iktinos, architecte du Parthénon, et dédié au dieu du feu Héphaïstos, le temple était entouré de fonderies et de forges. 34 colonnes soutiennent l'épistyle et la frise du côté est

★ À savoir

- L'entrée principale est sur Adrianou ; l'entrée sud n'ouvre qu'aux heures de grande affluence.
- Ne manquez pas de prendre en photo le temple d'Héphaïstos, l'un des mieux préservés de Grèce.
- L'évacuation du site débute 30 minutes avant la fermeture. En fin de journée, visitez d'abord le temple d'Héphaïstos et le portique d'Attale, puis les points plus centraux.
- Avis aux ornithophiles : tôt le matin, les arbres de l'Agora regorgent d'oiseaux.
- Les horaires changent parfois. Téléphonez.

✕ Une petite pause ?

À l'écart des rues encombrées, le site en lui-même est une halte reposante. Après la visite, arrêtez-vous dans l'un des cafés ou restaurants d'Adrianou, chez Kuzina (p. 69) ou Dioskouri (p. 67), par exemple.

illustre neuf des douze travaux d'Hercule. Transformé en église (Agios Georgios) au XIVe siècle, l'édifice accueillit en 1922-1923 des réfugiés en provenance d'Asie mineure ; des photos emblématiques de cette période montrent des familles étendant leur linge entre les colonnes.

Fondations de portiques

Au nord-est du temple d'Héphaïstos reposent les fondations du portique de Zeus Éleuthère, où Socrate exposa sa philosophie. Plus au nord, on distingue celles du portique Basileios et du portique aux peintures (*Stoa Poikile*). Ce dernier doit son nom à ses fresques, réalisées par les meilleurs artistes de l'époque, et qui représentaient des scènes de batailles historiques et mythologiques.

Salle du Conseil et tholos

Des archéologues ont mis au jour le nouveau Bouleutérion (salle du Conseil) au sud-est du temple d'Héphaïstos. Le Sénat (creé par Solon) s'y réunissait, tandis que les chefs de gouvernement se rassemblaient dans la tholos, au sud – une rotonde à voûte arrondie.

Église des Saints-Apôtres

Cette charmante petite église byzantine (photo p. 54), près de l'entrée sud, fut édifiée au début du Xe siècle pour commémorer l'enseignement de saint Paul dans

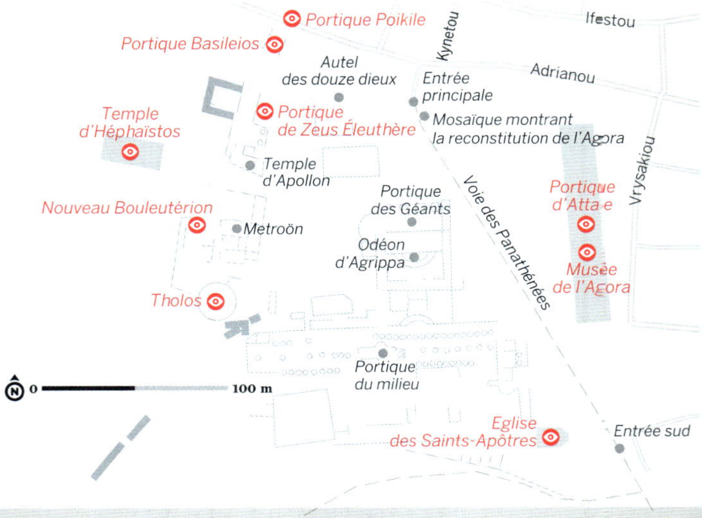

Les Panathénées

Dans l'Antiquité, la manifestation la plus impressionnante à Athènes était la procession des Panathénées, qui marquait l'apogée de la fête du même nom organisée en l'honneur d'Athéna, patronne de la cité. Le cortège, représenté en détail sur la frise du Parthénon longue de 160 m, visible au musée de l'Acropole (p. 40), traversait toute la ville en passant par l'Agora antique. Il existait en réalité deux célébrations distinctes : les Petites Panathénées, qui se déroulaient chaque année le jour anniversaire de la déesse, vers le mois de juillet, et les Grandes Panathénées, qui avaient lieu à la même date, mais tous les quatre ans. Les secondes débutaient par des danses, suivies de compétitions athlétiques, théâtrales et musicales. Parmi les épreuves sportives organisées dans le stade des Panathénées (p. 120) à partir du IVe siècle av. J.-C., les athlètes pouvaient s'adonner au pentathlon (course à pied, disque, javelot, saut en longueur et lutte), au pancrace ou encore aux courses de chars. Les vainqueurs recevaient des amphores d'huile provenant des oliviers sacrés d'Athènes, dont on peut voir des exemplaires au musée national d'Archéologie (p. 128).

La procession des Panathénées

Le dernier jour, la procession partait du Dipylon de Keramikos, menée par des hommes transportant les animaux offerts en sacrifice à Athéna, suivis par des vierges chargées de *rhytons* (verres en forme de corne) et par des musiciens accompagnant les jeunes filles de noble extraction qui tenaient à bout de bras le péplos sacré (tunique brodée couleur safran), tissé de leurs mains au cours de l'année précédente. Le cortège empruntait la voie des Panathénées, à travers l'Agora antique et l'Acropole. Le grand finale, réservé à une poignée d'élus, consistait au revêtement du péplos sur la statue d'Athéna Polias, dans l'Érechthéion.

l'Agora. Ornée à l'extérieur de motifs orientaux en brique, elle subit de nombreux remaniements sous la domination ottomane. Entre 1954 et 1957, l'église fut dépouillée de ses ajouts du XIXe siècle et restaurée sous son aspect d'origine. Elle contient de jolies fresques byzantines, provenant d'une église détruite.

Promenade à pied

Shopping à Monastiraki et Psyrri

À la sortie de la station Monastiraki, on est aussitôt happé par la ville. Il suffit de lever les yeux pour apercevoir l'Acropole, d'alléchantes odeurs de souvlakis émanent de partout, des marchands de fruits et légumes jalonnent les rues... Venez si possible le dimanche matin pour le marché aux puces et prolongez la journée dans un café du quartier servant des mezze sur fond de musique.

La promenade

Départ Plateia Avyssinias

Arrivée Protogenous à Athinas

Distance 1 km

Durée une heure

❶ Marché aux puces de Monastiraki

La rue Ifestou est indiquée comme le marché aux puces d'Athènes, mais elle abrite essentiellement des magasins de souvenirs. En réalité, les brocanteurs déballent leurs marchandises sur la **Plateia Avyssinias** (tlj mai-oct, dim-mer et ven nov-avr ; M Monastiraki), surtout le dimanche, où ils investissent également Astingos et les rues voisines.

❷ Espaces polyvalents

Psyrri et Monastiraki comptent plusieurs espaces combinant galerie d'art, café-bar et commerces. Le **TAF** (p. 63) se distingue par sa cour verdoyante où prendre un verre et sa boutique d'objets design.

❸ Rues Pallados et Protogenous

Dans ces artères commerçantes, les traditionnels marchands de cordes ou de vannerie artisanale côtoient des boutiques beaucoup plus tendance comme **Color Skates** (210 331 7119 ; www.colorskates.com ; Protogenous 5, Psyrri ; 11h-19h lun, mer et sam, jusqu'à 21h mar, jeu et ven, 12h-18h dim), spécialiste des planches à roulettes bigarrées, et l'**AD Gallery** (Alpha Delta ; 210 322 8785 ; www.adgallery.gr ; Pallados 3, Psyrri ; 12h-21h mar-ven, jusqu'à 16h sam sept-juil), qui présente des œuvres d'artistes grecs d'avant-garde.

❹ Matériel d'équitation

Psyrri comporte certains secteurs très spécialisés. Chez **Hrisanthos** (210 323 7584 ; Kalamida 3, Psyrri), vous trouverez toutes sortes d'accessoires équestres, ainsi que des articles artisanaux destinés aux ânes (brides, coiffes ornées...), aux bergers (cloches en bronze) et même des *komboloï*. Juste à l'angle, **Mompso** (210 323 0670 ; www.mompso.com ; Athinas 33, Psyrri ; 10h-18h lun-sam) propose le même genre d'articles, mais en version haut de gamme.

❺ Les meilleurs souvlakis

Une petite faim ? Direction **Kostas** (p. 65), sur la jolie Plateia Agia Irini, où vous pourrez vous régaler de savoureux souvlakis de porc. Les végétariens se rabattront sur le *lahmajoun* (sorte de pizza levantine épicée) aux légumes de **Feyrouz** (www.feyrouz.gr ; Karori 23 ; sandwichs à partir de 3 € ; 12h-22h lun-jeu, jusqu'à 23h ven-sam ;), deux rues plus au nord.

❻ Pour terminer en douceur

Le petit glacier artisanal **Kokkion** (6981563511 ; Protogenous 2, Psyrri ; boule 2,50 € ; 8h-minuit lun-ven, à partir de 10h sam-dim, horaires réduits en hiver) élabore d'intenses parfums au chocolat et aux fruits (mandarine-gingembre, par exemple). Mais vous pourrez aussi vous contenter d'un café.

A
B
C
D
1
2
3
4
5
6
Pireos (Tsaldari Panagi)
Plateia Eleftherias (Koumoundourou)
Telis
Evripidou
Sarri
Palamidou
Riga
Agion Anargyron
Agatharhou
Taki
Psaromilingou
Agion Asomaton
Dipylou
Kranaou
Kriezi
Tombazi
Tournavitou
Melidoni
Lepeniotou
Ogygou
Ivis
Leokoriou
Navarhou Apostoli
Avliton
Hristokopidou
Esopou
Mikono
Karaïskaki
PSYRRI
Plateia Agion Asomaton
Ermou
Thissio
Eptachalkou
Parc de Thisio
Amfiktyonos
Poulopoulou
Vasilis
THISIO
Apostolou Pavlou
Iraklidon
Nileos
Thisiou
Astingos
Agiou Filippou
Kynetou
Plateia Avyssinias
Adrianou
Ifestou
Agora antique
12
41
30
19
14
18
23
21
35
Nos adresses
Les incontournables p. 54
Voir p. 62
Se restaurer p. 65
Prendre un verre p. 69
Sortir p. 72
Shopping p. 72

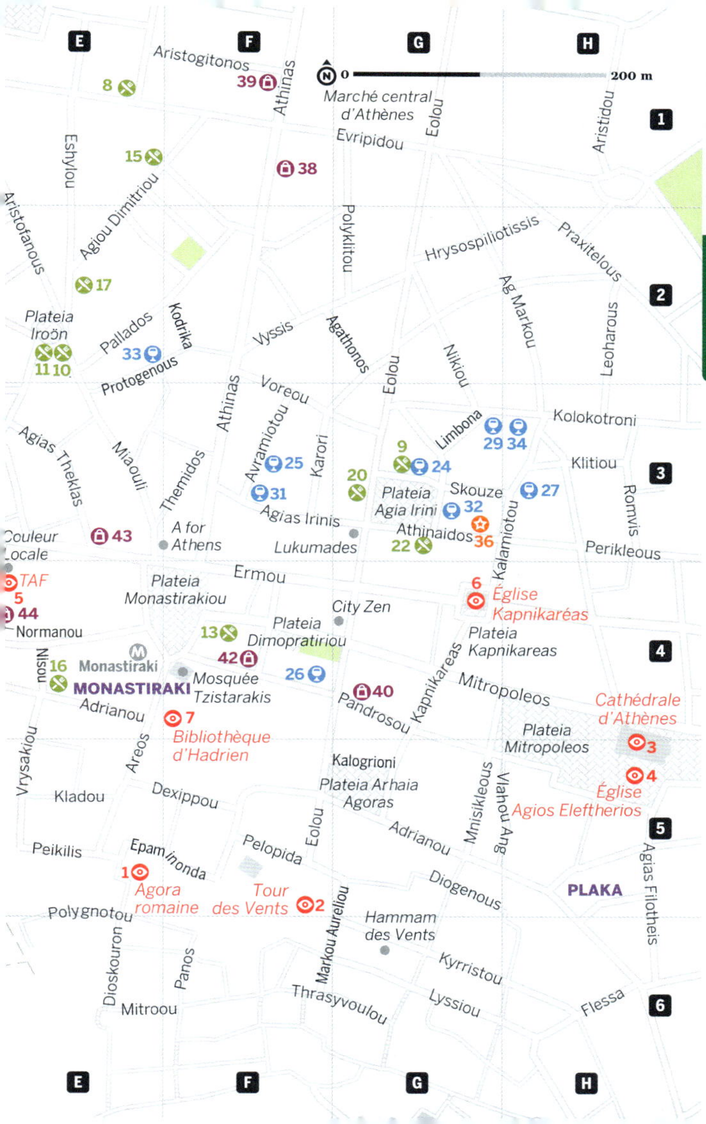
E
F
G
H
1
2
3
4
5
6
0
200 m
Marché central d'Athènes
Aristogitonos
Athinas
Evripidou
Eolou
Aristidou
Eshylou
Aristofanous
Agiou Dimitriou
Polykleitou
Hrysospiliotissis
Praxitelous
Plateia Iroön
Pallados
Kodrika
Protogenous
Vyssis
Agathonos
Ag Markou
Leoharous
Nikiou
Eolou
Voreou
Athinas
Kolokotroni
Limbona
Klitiou
Agias Theklas
Miaouli
Themidos
Avramiotou
Karori
Plateia Agia Irini
Skouze
Romvis
Agias Irinis
Athinaidos
Kalamiotou
Couleur Locale
A for Athens
Lukumades
Perikleous
TAF
Ermou
Plateia Monastirakiou
Église Kapnikaréas
City Zen
Plateia Kapnikareas
Normanou
Plateia Dimopratiriou
Monastiraki
MONASTIRAKI
Nisiou
Mosquée Tzistarakis
Kapnikareas
Mitropoleos
Cathédrale d'Athènes
Adrianou
Pandrosou
Plateia Mitropoleos
Bibliothèque d'Hadrien
Areos
Kalogrioni
Vrysakiou
Plateia Arhaia Agoras
Mnisikleous
Vlahou Ang
Église Agios Eleftherios
Kladou
Dexippou
Eolou
Adrianou
Peikilis
Epaminonda
Pelopida
Diogenous
PLAKA
Agias Filotheis
Agora romaine
Tour des Vents
Polygnotou
Markou Aureliou
Hammam des Vents
Dioskouron
Panos
Kyrristou
Mitroou
Thrasyvoulou
Lyssiou
Flessa
8
39
15
38
17
33
11
10
9
29
34
25
24
20
31
27
32
43
36
22
6
5
44
13
16
42
26
40
7
3
4
1
2

Voir

Agora romaine

SITE ANTIQUE

1 PLAN P. 60, E5

Sous la domination de Rome, le centre civique d'Athènes fut transféré sur ce site. On y pénètre par la **porte d'Athéna Archégète** ; flanquée de colonnes doriques bien préservées, celle-ci fut érigée entre 19 et 11 av. J.-C. grâce à une donation de Jules César et d'Auguste. Les fouilles ont révélé les fondations de plusieurs édifices, dont des latrines publiques comportant 68 sièges, à droite de l'entrée, et un propylée (accès monumental), à l'angle sud-est. Du côté nord, la mosquée Fethiye (XVIIe siècle) est l'un des rares vestiges ottomans de la ville. À noter aussi, à l'est, l'étonnante tour des Vents, antérieure à l'Agora. (210 324 5220 ; odysseus.culture.gr ; Dioskouron, Monastiraki ; tarif plein/réduit/enfant 6 €/3 €/gratuit ; 8h-15h lun-ven, 8h-17h sam-dim, mosquée à partir de 10h ; M Monastiraki)

Tour des Vents

MONUMENT ANTIQUE

2 PLAN P. 60, F5

Sise à l'extrémité de l'Agora romaine, la tour des Vents fut élevée au Ier ou IIe siècle av. J.-C. par l'ingénieur macédonien Andronicos de Cyrrhus. Cette ingénieuse construction octogonale en marbre du Pentélique servait de gnomon, de clepsydre et de boussole. Chaque côté, représentant un point cardinal ou intermédiaire, est orné d'un personnage ailé symbolisant le vent qui souffle de cette direction. Sous les bas-reliefs apparaissent des vestiges à peine visibles de cadrans solaires. Le toit conique en pierre, composé de 24 panneaux, est l'un des rares de l'Antiquité à être parvenu jusqu'à nous. Une girouette en bronze figurant un Triton le surmontait à l'origine.

L'intérieur renferme le mécanisme de l'horloge hydraulique, jadis alimentée par un ruisseau coulant de l'Acropole.

La domination romaine

En 86 av. J.-C., Athènes s'allie à la révolte de Mithridate VI, maître de la mer Noire. En représailles, Sylla s'empare d'Athènes, démolit ses remparts et emporte ses plus belles sculptures à Rome. La Grèce devient alors officiellement la province romaine d'Achaïe, mais plusieurs grandes cités jouissent encore d'une certaine autonomie.

Admirateurs de la culture grecque, les Romains conservent à Athènes sa position de centre de l'enseignement hellène. Jusqu'au IIIe siècle, sous la Pax Romana, les empereurs Auguste, Néron et, surtout, Hadrien, dotent la cité de grands monuments, dont l'Agora romaine, la bibliothèque d'Hadrien et la porte d'Hadrien.

Église Agios Eleftherios

Des traces de pigment bleu ont été découvertes sur les murs. On distingue aussi des traces d'ajouts postérieurs : un dessin de bateau romain à demi effacé, un fragment de fresque byzantine, des calligraphies arabes et un mihrab de la fin de l'époque ottomane.

Cathédrale d'Athènes ÉGLISE

3 PLAN P. 60, H5

Cette cathédrale imposante (1862) est le siège de l'Église archiépiscopale greque orthodoxe d'Athènes. La petite église byzantine (XIIe siècle) voisine, Agios Eleftherios, a toutefois plus d'intérêt. (210 322 1308 ; Plateia Mitropoleos, Monastiraki ; 7h-19h ; M Monastiraki)

Église Agios Eleftherios ÉGLISE

4 PLAN P. 60, H5

Dite la Petite Métropole, Saint-Éleuthère (XIIe siècle) porte aussi le nom de Panagia Gorgoepikoos ("la Vierge qui exauce vite"). Élevée sur les ruines d'un temple antique, cette église cruciforme est en partie composée de bas-reliefs, colonnes et autres éléments d'édifices païens et chrétiens plus anciens. Elle fut autrefois la cathédrale de la ville. (Plateia Mitropoleos, Monastiraki ; M Monastiraki)

TAF GALERIE D'ART

5 PLAN P. 60, E4

Le café-bar dans la cour centrale, entourée de bâtiments des années 1870 vaguement rénovés,

Athènes ottomane

Malgré plusieurs siècles de domination ottomane, il subsiste à Athènes peu de témoignages architecturaux de cette période, les archéologues ayant privilégié les vestiges de l'Antiquité. Exception de taille, la **mosquée Tzistarakis** (plan p. 60, F4 ; ☎210 324 2066 ; www.melt.gr ; Areos 1, Monastiraki ; Ⓜ Monastiraki) trône depuis 1759 sur la place Monastiraki. Elle dépend du musée d'Art populaire grec (fermé depuis 2015), de même que le **hammam des Vents** (p. 85), des bains turcs du XVIIe siècle.

Au coin de la rue, l'**Agora romaine** (p. 62) englobe une mosquée du XVIIe siècle (convertie en lieu d'exposition) et la tour des Vents (p. 62), une construction antique qui fut utilisée comme *tekke* (lieu de culte soufi) par les derviches. Au nord de celle-ci, de l'autre côté de la rue, se tenait un bâtiment construit au XVIIIe siècle pour l'enseignement du soufisme et dont les cellules des étudiants servirent de prison au siècle suivant. Il fut en grande partie démoli pour permettre la fouille des ruines romaines situées en dessous. Seul le porche principal, envahi par la végétation, est encore debout.

attire une clientèle jeune et hétéroclite. La galerie proprement dite accueille des expositions, des représentations théâtrales, des projections et des concerts, le plus souvent gratuits. Il y a aussi une excellente boutique d'objets design. (The Art Foundation ; ☎210 323 8757 ; www.theartfoundation.gr ; Normanou 5, Monastiraki ; 🕒12h-21h lun-sam, 12h-19h dim , café-bar ouvert tard ; Ⓜ Monastiraki)

Église Kapnikaréas ÉGLISE

6 ◎ PLAN P. 60, G4

Cette petite église du XIe siècle occupe le cœur d'Ermou, l'artère commerçante. Elle fut sauvée des bulldozers et restaurée par l'université d'Athènes. Le dôme de cette église repose sur quatre grandes colonnes romaines. (Ermou, Monastiraki ; 🕒8h-14h mar, jeu et ven ; Ⓜ Monastiraki, Syntagma)

Bibliothèque d'Hadrien RUINES

7 ◎ PLAN P. 60, F4

Édifiée en 132 par l'empereur Hadrien, la bibliothèque au nord de l'Agora fut l'un des plus somptueux bâtiments publics avant sa destruction par les Hérules en 267. Elle comportait une cour intérieure bordée de 100 colonnes et agrémentée d'un bassin central, des salles de lecture et de musique, ainsi qu'un théâtre. Le mur ouest, près de l'entrée, a été restauré. Au-delà ne subsistent que de rares vestiges, ainsi que deux églises des VIIe et XIIe siècles.

De Dexippou, en amont de l'enceinte, on apprécie mieux l'ampleur de ce complexe, naguère au centre de la vie civique d'Athènes (les activités commerciales se concentraient dans l'Agora romaine).
La bibliothèque fait partie des six sites inclus dans le billet combiné de l'Acropole (30 €), valable 5 jours. (210 324 9350 ; www.odysseus.culture.gr ; Areos 3, Monastiraki ; adulte/enfant 4 €/ gratuit ; 8h-15h ; M Monastiraki)

Se restaurer

Karamanlidika tou Fani GREC €€

8 PLAN P. 60, E1

Dans ce *pastomageireio* (taverne-traiteur), les clients attablés le long des vitrines de produits du terroir se voient offrir des bonnes choses à grignoter pendant qu'ils consultent la carte. Outre la charcuterie et les fromages, on peut commander des plats de la mer (goûtez aux anchois marinés), ainsi que des bières artisanales et des vins peu courants. Patron chaleureux et service impeccable. (210 325 4184 ; www.karamanlidika.gr ; Sokratous 1, Psyrri ; plats 7-18 € ; 11h-minuit ; M Monastiraki)

Kostas GREC €

9 PLAN P. 60, G3

Sur une agréable place en face de l'église Agia Irini, cette minuscule adresse à l'ancienne prépare de savoureux souvlakis de porc et *bifteki* (steaks hachés à la grecque), servis dans une pita avec de la sauce tomate relevée – secret maison. Venez avant le coup de feu du déjeuner ; il arrive que la fermeture soit avancée pour cause de rupture de stock. (210 323 2971 ; Plateia Agia Irini 2, Monastiraki ; sandwich 2,20 € ; 9h-18h ; M Monastiraki)

Bougatsadiko I Thessaloniki PITAS €

10 PLAN P. 60, E2

Cette adresse confectionne chaque jour pour les noctambules de la festive place Iroön de délicieuses *pitas* à la viande, aux épinards (*spanakopita*) ou à la crème vanillée (*bougatsa*) avec des feuilles de pâte filo roulées à la main. (210 322 2088 ; Plateia Iroön 1, Psyrri ; pita 2 € ; 24h/24 ; M Monastiraki)

Nancy's Sweethome CAFÉ €

11 PLAN P. 60, E2

Bordant une place animée, l'endroit est célèbre pour ses gros gâteaux nappés de chocolat fondu et ses boules de glace généreuses. À moins que vous ne préfériez les pâtisseries grecques luisantes de sirop, comme le *kunefe* (à base de cheveux d'ange, fromage, beurre et pistaches) accompagné de glace au mastic. (210 321 1323 ; www.nancysweethome.gr ; Plateia Iroön 1, Psyrri ; pâtisseries à partir de 10 € ; 8h30-2h30 ; M Monastiraki)

MILAN GONDA/SHUTTERSTOCK ©

Dîner en terrasse sur la Plateia Monastirakiou

Nikitas

TAVERNA €

12 PLAN P. 60, D2

Les habitants raffolent de cette vieille taverna, qui servait une cuisine traditionnelle simple et savoureuse, à prix doux, bien avant que Psyrri devienne un quartier branché. La seule adresse animée en semaine. (210 325 2591 ; Agion Anargyron 19, Psyrri ; plats 7-10 € ; 12h-18h30 dim-mar, 12h-23h30 mer-sam ; M Monastiraki)

Thanasis

KEBAB €

13 PLAN P. 60, F4

Dans le secteur d'Athènes où se concentrent les enseignes de souvlakis, ce restaurant de grillades est surtout réputé pour ses *kebabs*, servis sur une pita avec des tomates et des oignons grillés. Terrasse stratégique pour observer le va-et-vient dans la rue. (210 324 4705 ; Mitropoleos 69, Monastiraki ; gyros 2,50 € ; 8h30-14h30 ; M Monastiraki)

Ivis

MEZZE €

14 PLAN P. 60, C3

Cette confortable enseigne au décor lumineux et stylisé propose chaque jour un nouveau choix de délicieux mezze fraîchement préparés. Bonne sélection d'ouzos et de rakis. (210 323 2554 ; Navarhou Apostoli 19, Psyrri ; mezze 4-10 € ; 12h-2h mar-sam, 12h-20h dim ; M Thissio)

Avli

MEZZE €

15 PLAN P. 60, E1

Sympathique et bon marché, Avli frise le chaos les soirs de week-end. Il faut se frayer un passage par une entrée étroite et attendre pour être servi, mais une fois dedans, les murs blanchis à la chaux et la terrasse vous donneront l'impression d'être dans les Cyclades. Les *keftedhes* (boulettes de viande frites) et l'omelette spéciale avec frites et saucisses épongent très bien la boisson. (Agiou Dimitriou 12, Psyrri ; plats 5-10 € ; 13h-minuit ; M Monastiraki)

Dioskouri

MEZZE €

16 PLAN P. 60, E4

Véritable institution que ce café-restaurant, installé de part et d'autre d'une rue piétonne longeant la voie ferrée. Avec ses tables à l'ombre d'un immense platane, la partie café (Adrianou 39) a des allures de place de village. Apprécié des étudiants – et des touristes – pour son ouzo et ses mezze. (210 325 3333 ; www.dioskouriathens.gr ; Adrianou 37, Monastiraki ; mezze 3-8 € ; 8h30-1h ; M Monastiraki)

Taverna tou Psyrri

TAVERNA €

17 PLAN P. 60, E2

Taverne gaie et ancienne à côté de Plateia Iroön. Cuisine traditionnelle, correcte et sans prétention. (210 321 4923 ; Eshylou 12, Psyrri ; plats 6-9 € ; 12h-minuit, fermé 2 sem août ; M Monastiraki)

Akordeon

MEZZE €

18 PLAN P. 60, D3

Dans une rue tranquille de Psyrri, ce restaurant nouveau venu occupe une charmante maison jaune pâle en face d'une église. Cuisiniers et musiciens, Pepi et Achilleas vous reçoivent chaleureusement avec leurs épouses. Le soir et le week-end, leurs chansons sentimentales agrémentent la dégustation d'authentiques mezze grecs. (210 325 3703 ; Hristokopidou 7, Psyrri ; plats 6-16 € ; 19h-1h mar, 19h-2h ven-sam, 13h-20h dim sept-mai ; M Monastiraki, Thissio)

En-cas à gogo

Toutes sortes d'en-cas, des falafels au poisson frit, sont vendus à l'est et au sud du croisement des rues Eolou et Athinaidos. Juste à l'angle, **Lukumades** (plan p. 60, G3 ; 210 321 0880 ; Eolou 21, Monastiraki ; portion 2,70 € ; 8h-1h, jusqu'à 3h ven-sam ; M Monastiraki) propose les boulettes de pâte frite du même nom, nappées de miel ou fourrées de confiture ou de glace.

Spécial grillades

Sur une portion de rue peu reluisante, **Telis** (plan p. 60, D1 ; 210 324 2775 ; Evripidou 86, Psyrri ; plat avec salade 13 € ; 8h-2h lun-sam ; M Thissio) sert des côtes de porc grillées au charbon de bois depuis 1978 dans une salle éclairée au néon. Rien d'autre au menu que de la viande grillée en abondance, accompagnée de frites et de la salade grecque, à arroser de bière ou de vin de table maison. Service aimable.

Atlantikos

PRODUITS DE LA MER **€€**

19 PLAN P. 60, D3

Ce petit restaurant de poisson niché dans une ruelle passe facilement inaperçu – repérez les joyeux convives attablés devant des tas de carapaces de crevettes. On y déguste des fruits de mer grillés ou frits de qualité, sans se ruiner, dans une ambiance simple et décontractée. (213 033 0850 ; Avliton 7 ; plats 8-13 € ; M Monastiraki, Thissio)

Mana's Kouzina

GREC **€€**

20 PLAN P. 60, G3

La "Cuisine de Maman" a pour spécialité les *mayirefta* (plats familiaux mijotés) à base de produits locaux de saison. La formule cafétéria du déjeuner comprend un assortiment de recettes régionales, dont certaines peu courantes (généreuse assiette mélangée 10 €). Le dîner est à la carte. (210 325 2335 www.manaskouzinakouzina.gr ; Eolou 27a, Monastiraki ; plats à partir de 10 € ; 8h-minuit ; M Monastiraki)

Café Avyssinia

MEZZE **€€**

21 PLAN P. 60, D4

Au milieu du marché aux puces de la Plateia Avyssinias, ce *mezedhopoleio* est fréquenté depuis les années 1980 pour sa musique live et son offre culinaire variée. L'atmosphère peut toutefois être ennuyeuse les jours calmes ; venez plutôt pour une pause déjeuner ou tard les soirs de week-end. En été, la terrasse sur le toit dévoile une vue somptueuse sur l'Acropole. (210 321 7047 ; Kynetou 7, Monastiraki ; plats 10-16 € ; 11h-1h mar-sam, jusqu'à 19h dim ; M Monastiraki)

School Pizza Bar

ITALIEN **€€**

22 PLAN P. 60, G3

Assis à une table d'écolier faites votre choix sur l'ardoise parmi des pizzas à pâte fine, garnies notamment de charcuterie crétoise. Le soir, l'endroit se prête bien à la dégustation de cocktails, sur fond de musique lounge mixée par les meilleurs DJ locaux. (210 325 1444 ; Plateia Agia Irini 8, Monastiraki ; pizzas à partir de 10 € ; 10h-3h ; M Monastiraki)

Kuzina

GREC €€

23 PLAN P. 60, C4

Une adresse élégante et cosy pour une cuisine grecque raffinée (les raviolis frits à la feta et aux olives sont un délice). La lumière coule à flots à travers les baies vitrées, réchauffant les tables bondées en hiver. L'été, réservez à l'avance pour profiter de la vue panoramique sur le toit en terrasse. (210 324 0133 ; www.kuzina.gr ; Adrianou 9, Monastiraki ; plats 12-25 €, formule 22€ ; 11h-tard ; M Thisio)

Prendre un verre

Tailor Made

CAFÉ-BAR

24 PLAN P. 60, G3

Sans conteste le meilleur spécialiste du café artisanal à Athènes, Tailor Made presse en outre ses thés à la main et dispose de sa propre microbrasserie. Doté de tables extérieures le long du marché aux fleurs, l'endroit se transforme le soir en bar à vins et cocktails. La carte comprend des sandwichs (6 €) et des desserts maison (5 €). (213 004 9645 ; www.facebook.com/Tailor.Made.microRoastery.cocktailBar/ ; Plateia Agia Irini 2, Monastiraki ; 8h-2h lun-jeu, 8h-4h ven-sam, 9h-2h dim ; M Monastiraki)

Six d.o.g.s.

BAR

25 PLAN P. 60, F3

Cet espace polyvalent très créatif se déploie sur plusieurs niveaux autour d'un jardin luxuriant, parfait pour discuter au calme en journée ou se détendre le soir devant un verre. Les bâtiments attenants accueillent concerts, expositions d'art et autres événements. (210 321 0510 ; www.sixdogs.gr ; Avramiotou 6-8, Monastiraki ; 10h-tard ; M Monastiraki)

Orea Hellas

CAFÉ

26 PLAN P. 60, F4

Un joli établissement à l'ancienne où faire une pause après une séance de shopping à Monastiraki. La terrasse donne sur Mitropoleos, tandis que la salle a vue sur l'Acropole. Au menu : café grec, pâtisseries et un bon choix de mezze et de salades. Une boutique sur place vend de l'artisanat de tout le pays. (210 321 3023 ; Pandrosou 36, Monastiraki ; 9h-1h avr-oct, jusqu'à 18h nov-mars ; ; M Monastiraki)

Dude

BAR

27 PLAN P. 60, H3

L'ambiance bat son plein jusqu'à l'aube dans ce petit bar le long d'une rue piétonne. La programmation musicale – du funk et de la soul dignes d'un film de Tarantino – brille par sa qualité. (210 322 7130 ; www.facebook.com/thedudebar ; Kalamiotou 14, Monastiraki ; 12h30-5h dim-jeu, jusqu'à 6h ven-sam ; M Monastiraki)

Vues imprenables sur l'Acropole

Pas qu'un piège à touristes : les agréables toits-terrasses de Monastiraki donnant sur l'Acropole sont aussi très prisés des Athéniens.

Couleur Locale (plan p. 60, E4 ; 216 700 4917 ; www.couleurlocaleathens.com ; Normanou 3, Monastiraki ; 10h-2h dim-jeu, jusqu'à 3h ven-sam ; M Monastiraki). L'entrée non indiquée se trouve au bout d'une galerie marchande.

City Zen (plan p. 60, G4 ; 210 325 4942 ; www.facebook.com/cityzenathens ; Mitropoleos 80, Monastiraki ; 9h-4h ; M Monastiraki). Pas si zen le soir. Entrée dans Eolou.

A for Athens (plan p. 60, F3 ; 210 324 4244 ; www.aforathens.com ; Miaouli 2, Monastiraki ; d à partir de 190 € ; ; M Monastiraki). L'animation bat son plein sur le toit de l'hôtel.

Little Kook CAFÉ

28 PLAN P. 60, D3

On vient ici moins pour le café et les gâteaux que pour l'extravagant décor de contes pour enfants, très photogénique, dont le thème change régulièrement. Les guirlandes de petits drapeaux au-dessus de la rue vous guideront. Les plus jeunes adorent ! (210 321 4144 ; www.facebook.com/littlekookgr ; Karaïskaki 17, Psyrri ; 10h-minuit lun-ven, à partir de 9h sam-dim ; ; M Monastiraki)

Noel BAR

29 PLAN P. 60, G3

"C'est tous les jours Noël", dit le slogan de cet établissement très baroque, où d'élégants barmen servent des cocktails originaux sous des lustres dorés. Alternance de musique des années 1980-1990 et de jazz. (211 215 9534 ; www.noelbar.gr ; Kolokotroni 59b, Monastiraki ; 10h-2h dim-jeu, jusqu'à 4h ven-sam ; M Monastiraki)

Spiti Mas CAFÉ

30 PLAN P. 60, C3

Aménagé comme un appartement branché, "Notre Maison" dispose même d'un lit simple où prendre le petit-déjeuner. La nourriture fraîche et savoureuse ainsi que le personnel vraiment aimable sauvent l'opération du kitsch absolu. (210 331 4751 ; Navarhou Apostoli 10, Psyrri ; 9h-16h lun et mer-ven, jusqu'à 18h sam-dim ; M Thissio, Monastiraki)

Poems & Crimes Art Bar CAFÉ

31 PLAN P. 60, F3

Une librairie, une maison d'édition grecque et un café ont élu domicile dans ce bâtiment néoclassique du XIXe siècle. Rendez-vous des écrivains et des amoureux de littérature, l'endroit programme souvent des présentations de livres et des lectures de poésie. L'été, la petite cour se transforme en terrasse de café et lieu de concert. (210 322 8839 ; www.poemsandcrimes.gr ; Agias Irinis 17, Monastiraki ; 9h-2h lun-sam ; M Monastiraki)

Rooster

CAFÉ

32 PLAN P. 60, G3

Un lieu gay sur une place animée, où tout le monde papote. Hétéros bienvenus. (210 322 4410 ; www.roostercafe.gr ; Plateia Agia Irini 4, Monastiraki ; 9h-3h ; ; M Monastiraki)

Tranzistor

BAR

33 PLAN P. 60, E2

Un chouette petit bar où l'on peut s'installer au comptoir illuminé ou paresser dehors. La ruelle étroite abrite plusieurs autres adresses du genre. (210 322 8658 ; Protogenous 10, Psyrri ; 9h-4h lun-sam, 11h-4h dim ; M Monastiraki)

Booze Cooperativa

CAFÉ, BAR

34 PLAN P. 60, H3

En journée, ce repaire branché à l'ambiance détendue est plein de jeunes Athéniens jouant aux échecs et au backgammon ou travaillant sur leur PC.
Le soir, le bar s'anime et reste ouvert jusque tard. Expositions d'art au sous-sol et théâtre à l'étage. (211 405 3733 ; www.boozecooperativa.com ; Kolokotroni 57, Monastiraki ; 11h-tard ; ; M Monastiraki)

Six d.o.g.s. (p. 69)

Loukoumi

CAFÉ

35 PLAN P. 60, D4

Un café gay-friendly où l'on peut grignoter, une galerie d'art et une boutique vintage, répartis dans deux bâtiments face à face. Au programme : DJ, spectacles de drag-queens et événements créatifs. (210 323 4814 ; www.loukoumibar.gr ; Plateia Avyssinias 3, Monastiraki ; 10h-3h dim-jeu, jusqu'à 4h ven-sam ; M Monastiraki)

Sortir

Faust

CABARET

36 PLAN P. 60, G3

Des spectacles kitsch, grivois, drôles et carrément décalés vous attendent sur la petite scène de ce cabaret populaire. Fermé en été. (210 323 4095 ; www.faust.gr ; Kalamiotou 11 et Athinaidos 12, Monastiraki ; 20h-tard lun-jeu, à partir de 17h ven-dim, sep-mai ; M Monastiraki)

Shopping

Yiannis Samouelian

MUSIQUE

37 PLAN P. 60, D4

Coincé entre deux boutiques plus modernes, ce magasin vend des instruments de musique du monde entier depuis 1928, notamment des bouzoukis. (210 321 2433 ; www.musiceshop.gr ; Ifestou 36, Monastiraki ; 9h-19h ; M Monastiraki)

Pan-Pol

CHAPEAUX

38 PLAN P. 60, F1

Que vous cherchiez un borsalino ou une casquette de marin, cette petite boutique propose une large gamme de chapeaux en feutre classiques dans de jolis coloris. Le gros du stock provient de l'atelier à l'étage et les prix débutent à 10 €. (210 321 1431 ; Athinas 36 ; 10h-17h lun, mer et sam, jusqu'à 19h mar, jeu et ven ; M Monastiraki)

Big Bazaar

ANTIQUITÉS

39 PLAN P. 60, F1

Le nom de ce magasin de brocante (le "grand bazar") est un bel euphémisme. Ses deux étages renferment tout un bric-à-brac en équilibre précaire, à travers lequel les clients peinent à se frayer un chemin – et plus encore à se saisir des objets. Laissez votre sac en bas pour ne pas renverser quelque chose par mégarde. (210 321 6565 ; Aristogitonos 9, Monastiraki ; 10h-18h lun-sam ; M Omonia, Panepistimio)

Monastic Art Shop

ACCESSOIRES

40 PLAN P. 60, G4

Olives, vin, cosmétiques à base de plantes, icônes en or et en argent et bien d'autres articles fabriqués par les moines du mont Athos. (210 324 5034 ; Pandrosou 28 ; M Syntagma, Monastiraki)

Kartousa

BIJOUX, ACCESSOIRES

41 PLAN P. 60, D2

Un choix hétéroclite de bijoux artisanaux et d'accessoires pour la maison illumine cette toute petite devanture. (210 324 7525 ; Taki 9, Psyrri ; 11h-20h mar-sam, 12h-20h dim ; M Monastiraki)

Martinos

ANTIQUITÉS

42 PLAN P. 60, F4

Cette enseigne incontournable de Monastiraki propose depuis 1890 un remarquable choix d'antiquités grecques et européennes : coffres peints, icônes, monnaie, verrerie, porcelaine et accessoires. La qualité de certaines pièces leur vaudrait d'être exposées dans un musée. (210 321 2414 ; www.martinosart.gr ; Pandrosou 50, Monastiraki ; 10h-15h lun, mer et sam, 10h-18h mar, jeu et ven, fermé sam août ; M Monastiraki)

Melissinos Art

CHAUSSURES

43 PLAN P. 60, E3

Dans une rue regroupant plusieurs enseignes de cordonniers, Pantelis Melissinos perpétue fièrement la tradition de son père Stavros, célèbre poète et sandalier, qui bâtit sa réputation en créant des modèles inspirés de l'Antiquité pour des stars d'Hollywood. Il y a souvent du monde car la personnalité de l'artisan séduit autant que ses créations. Prix raisonnables, surtout pour du sur mesure. (210 321 9247 ; www.melissinospoetsandalmaker.com ; Agias Theklas 2, Psyrri ; 10h-20h, jusqu'à 18h en hiver ; M Monastiraki)

Vêtements vintage

Les Athéniens qui aiment soigner leur look fréquentent eux aussi les friperies de Monastiraki, en particulier celles de la rue Ermou, juste en face de la Plateia Avyssinias.

Olgianna Melissinos

CHAUSSURES

44 PLAN P. 60, E4

La sœur de Pantelis (voir boutique ci-dessus) propose une ligne de sandales ajustées au pied de chacun ainsi que des ceintures et des sacs élégants. Elle conçoit également des modèles à la demande. (210 331 1925 ; www.melissinos-sandals.gr ; Normanou 7, Monastiraki ; 10h-18h lun, mer, sam et dim, jusqu'à 20h mar, jeu et ven ; M Monastiraki)

Balade au marché central

Les rues autour du bouillonnant marché central d'Athènes (également appelé Varvakios Agora) sont un régal pour les sens. Le quartier compte aussi quelques-uns des meilleurs restaurants traditionnels de la ville et des galeries d'art d'avant-garde.

La promenade

Départ Athinas à Evripidou

Arrivée Sarri

Distance 1,3 km

Durée une heure et demie

❶ Marché central d'Athènes

Destination incontournable des gastronomes, le bâtiment historique du **Varvakios Agora** (Athinas, entre Sofokleous et Evripidou, Omonia ; 7h-18h lun-sam ; M Panepistimio, Omonia) abrite des commerces de viande et de poisson, dont beaucoup ont conservé leurs gros billots en bois – défiant les normes d'hygiène imposées par l'UE. Pour profiter de l'ambiance effervescente, venez de préférence tôt le matin ou tard le soir. Les tavernas du marché ouvrent 24h/24.

❷ Fruits et légumes

Des **vendeurs de fruits et légumes** s'installent chaque jour en face de la grande halle, de l'autre côté d'Athinas. Leurs étals sont un bon baromètre des produits de saison à commander au restaurant. Autour se tiennent des marchands d'olives et de fromages, ainsi que des brocanteurs.

❸ Spécialités régionales

Si vous préférez les magasins plus traditionnels, allez directement au très chic **Pantopoleion** (210 323 4612 ; Sofokleous 1, Omonia ; 8h-19h), où vous trouverez des produits alimentaires de tout le pays : câpres de Santorin, biscottes crétoises, friandises, vin, alcools, etc.

❹ Épices

Dans les rues autour du marché, les sacs de toile débordent de piments, de roses séchées et de gingembre confit. Allez humer les arômes de plus près chez **Bahar** (210 321 7225 ; Evripidou 31, Omonia ; 7h-15h lun-jeu et sam, jusqu'à 18h ven). Plus bas dans Evripidou, la charcuterie **Miran** (210 321 7187 ; www.miran.gr/en/ ; Evripidou 45, Psyrri) fait bon usage des épices pour confectionner son fameux *pastourma* (viande de bœuf pressée et séchée).

❺ Taverna insolite

Le **Diporto Agoras** (210 321 1463 ; angle Theatrou et Sokratous ; assiettes 5-7 € ; 7h-19h lun-sam, fermé 1er-20 août) est l'un des joyaux cachés d'Athènes. Pas d'enseigne, juste une double porte menant à une cave rustique. Pas de carte... La spécialité est la *revythia* (pois chiches), suivie de poisson grillé et arrosé de vin tiré d'immenses tonneaux. Le service fantaisiste participe au charme du lieu.

❻ Art contemporain

Après déjeuner, rejoignez **A.antonopoulou.art** (210 321 4994 ; www.aaart.gr ; Aristofanous 20, 4e ét, Psyrri ; 14h-20h mer-ven, 12h-16h sam) et **Alibi** (6938234240 ; Sarri 12, Psyrri ; 12h-17h mar et dim, 16h-20h30 mer-ven, 12h-20h30 sam), deux des galeries les plus innovantes d'Athènes. De belles œuvres de street art émaillent en outre le secteur.

γιασεμι

Explorer

Syntagma et Plaka

Cœur de l'Athènes moderne, Syntagma bourdonne d'activité commerciale en journée, avant que les bars ne s'allument le soir venu. À une courte distance à pied, Plaka évoque au contraire une ville d'autrefois, aux étroites ruelles bordées de demeures néo-classiques et de jolies tavernes. Malgré les touristes, la vie de quartier n'a pas disparu pour autant.

Commencez par la relève de la garde (p. 82) devant le Parlement, avant d'aller vous promener dans le Jardin national (p. 82). Profitez-en pour visiter un musée ouvert uniquement le matin, comme le Musée juif (p. 82) ou le musée des Instruments de musique populaire (p. 83). Après le déjeuner, chez Evgenia (p. 88) par exemple, consacrez l'après-midi au shopping, avec un saut dans les boutiques Korres (produits de beauté naturels ; p. 93) ou Flâneur (artisanat ; p. 93). Gravissez ensuite la colline, puis octroyez-vous une pause café chez Melina (p. 91). Dînez dans l'ambiance décontractée de Kalderimi (p. 86), avant d'aller boire un verre à The Clumsies (p. 90). Enfin, retournez sur la place Syntagma (Plateia Syntagmatos), lieu de rendez-vous des Athéniens de tout poil.

Comment s'y rendre et circuler

M La station Syntagma (lignes bleue et rouge) se situe au cœur de la ville, sur la Plateia Syntagmatos, non loin de Plaka.

M Les stations Monastiraki (lignes bleue et verte) et Akropoli (ligne rouge) se trouvent aussi à une courte marche de Plaka.

Plan de Syntagma et Plaka p. 80

Café Yiasemi (p. 89) sur les marches de Mnisikleous, Plaka

Promenade à pied

Plaka et Syntagma au calme

Quittez le secteur touristique et la circulation pour un aperçu authentique du vieil Athènes, au fil des ruelles sinueuses qui gravissent le flanc nord-est de la colline de l'Acropole et à travers le dédale du quartier d'Anafiotika. Même le moderne Syntagma porte les traces de l'histoire, pour peu que l'on sache où regarder.

La promenade

Départ Mnisikleous, Plaka

Arrivée Stadiou, Syntagma

Distance 2,4 km

Durée deux heures

❶ Escalier panoramique

Commencez par Mniskleous, l'une des rues les plus photogéniques de Plaka de par son long escalier jalonné de cafés. Les riverains ont un faible pour **Yiasemi** (p. 89) et ses pâtisseries alléchantes. Assis sur un coussin au sommet des marches, vous aurez l'impression de faire partie de la carte postale.

❷ Une île dans la ville

Plus haut, la petite enclave d'**Anafiotika** (p. 83) a été érigée au milieu du XIXe siècle par des maçons venus de l'île d'Anafi. Avec ses murs blanchis à la chaux et ses géraniums, le quartier est un vrai petit bout de Cyclades. Cherchez Theorias, une venelle montant depuis Pritaniou. En redescendant du côté sud-est par Stratonos, vous croiserez une surprenante oliveraie, ouverte comme un parc public.

❸ Églises byzantines

L'église **Sotira Lykodimou** (1031 ; p. 84) est le plus grand monument médiéval d'Athènes. Depuis 1847, c'est une église russe orthodoxe.

❹ Pause déjeuner rétro

Les galeries marchandes du centre-ville cachent de nombreux trésors, comme l'indémodable **Kentrikon** (☎ 210 323 2482 ; http://estiatorio-kentrikon.gr ; Kolokotroni 3, Syntagma ; plats 12-19 € ; 🕑 12h-20h lun-sam ; Ⓜ Syntagma), restaurant lambrissé aux nappes blanches, où les habitués viennent savourer une bonne cuisine familiale.

Plus moderne, le bar voisin **Kaya** (Voulis 7, Syntagma ; 🕑 7h-18h lun-ven, 8h-15h sam ; Ⓜ Syntagma) prépare un café de premier ordre.

❺ Une envie de chocolat ?

Le secteur autour de Karageorgi Servias regorge de pâtisseries et de marchands de fruits secs. Pour une petite douceur, arrêtez-vous chez le chocolatier **Aristokratikon** (☎ 210 322 0546 ; www.aristokratikon.com/en/ ; Voulis 7, Syntagma ; 🕑 8h-21h lun-ven, jusqu'à 16h sam ; Ⓜ Syntagma), en activité depuis 1928 – les écorces d'agrume au chocolat noir sont la spécialité.

❻ Histoire souterraine

Cachée parmi des cafés de chaîne, l'entrée du sous-sol de **Koraï 4** (Mémorial de 1941–1944 ; ☎ 210 324 3581 ; www.korai4.gr ; Koraï 4, Panepistimio ; entrée libre ; 🕑 9h-14h mar-dim ; Ⓜ Panepistimio) passe facilement inaperçue. Sous l'occupation, la Gestapo utilisa ce local comme salle de torture. On y distingue encore les graffitis laissés par les prisonniers.

❼ Bar à remonter le temps

Autre perle de galerie marchande, le **Galaxy Bar** (☎ 210 322 7733 ; Stadiou 10, Syntagma ; 🕑 13h-tard lun-sam ; Ⓜ Syntagma) est une charmante adresse vintage des années 1970, très moderne pour l'époque, car dotée d'un comptoir à l'européenne. Des photos encadrées du Rat Pack et de Franz Kafka ornent les murs.

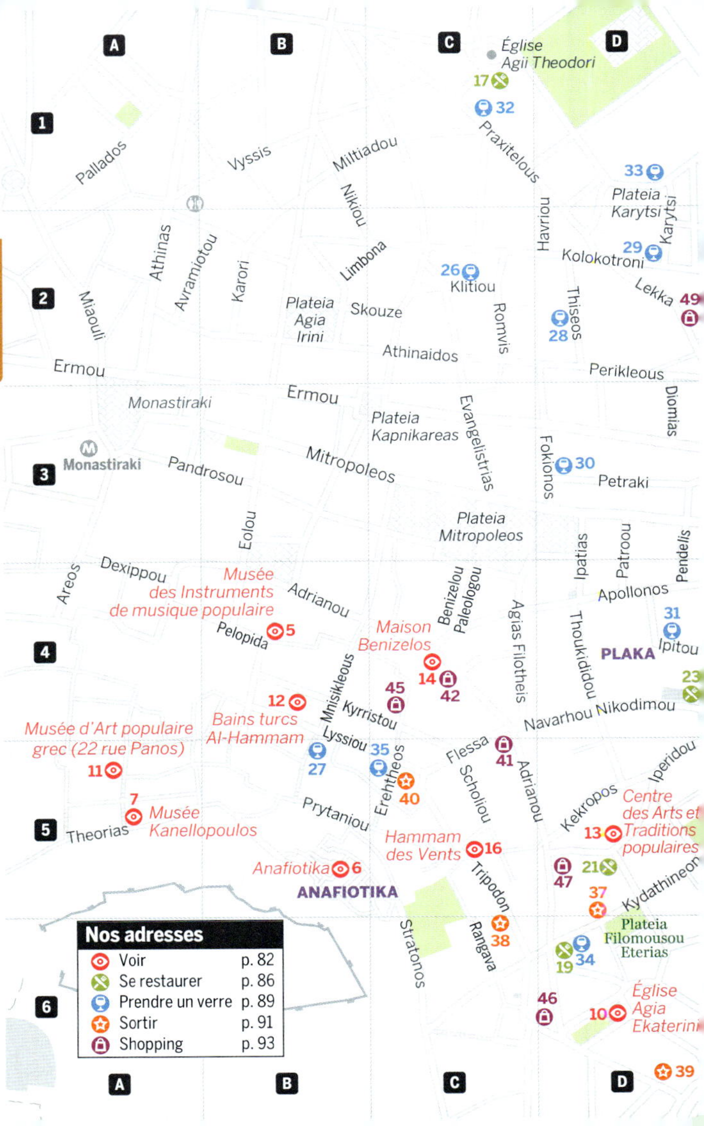
A
B
C
D
1
2
3
4
5
6
Église Agii Theodori
17
32
Praxitelous
Pallados
Vyssis
Miltiadou
Nikiou
33
Plateia Karytsi
Karytsi
Havriou
Kolokotroni
29
Athinas
Avramiotou
Karori
Limbona
26
Klitiou
Lekka
49
Miaouli
Plateia Agia Irini
Skouze
Romvis
Thiseos
28
Athinaidos
Ermou
Perikleous
Monastiraki
Ermou
Plateia Kapnikareas
Evangelistrias
Diomias
Monastiraki
Pandrosou
Mitropoleos
Fokionos
30
Petraki
Eolou
Plateia Mitropoleos
Ipatias
Patroou
Pendelis
Areos
Dexippou
Musée des Instruments de musique populaire
Adrianou
Benizelou
Paleologou
Agias Filotheis
Apollonos
Pelopida
5
Maison Benizelos
Thoukididou
31
PLAKA
Ipitou
Mnisikleous
14
42
45
23
12
Kyrristou
Navarhou Nikodimou
Bains turcs Al-Hammam
Musée d'Art populaire grec (22 rue Panos)
Lyssiou
35
Flessa
41
27
Erehtheos
Scholiou
Adrianou
Iperidou
11
40
Kekropos
7
Prytaniou
Centre des Arts et Traditions populaires
Musée Kanellopoulos
Theorias
13
Hammam des Vents
16
Anafiotika
6
Tripodon
47
21
Kydathineon
ANAFIOTIKA
37
Stratonos
38
Rangava
Plateia Filomousou Eterias
19
34
46
Église Agia Ekaterini
10
39
Nos adresses
Voir p. 82
Se restaurer p. 86
Prendre un verre p. 89
Sortir p. 91
Shopping p. 93

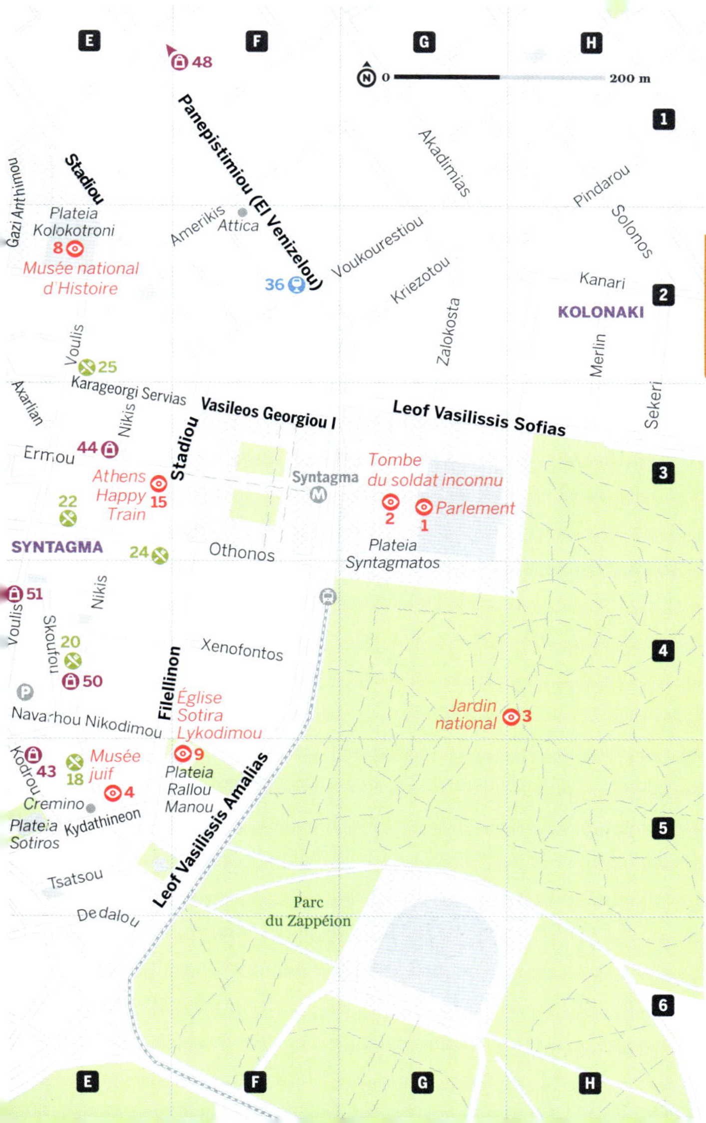
E
F
G
H
1
2
3
4
5
6
0
200 m
48
Panepistimiou (El Venizelou)
Akadimias
Pindarou
Solonos
Stadiou
Gazi Anthimou
Plateia Kolokotroni
8
Musée national d'Histoire
Amerikis
Attica
Voukourestiou
Kriezotou
Kanari
KOLONAKI
36
Zalokosta
Merlin
Voulis
25
Karageorgi Servias
Axarlian
Nikis
Vasileos Georgiou I
Leof Vasilissis Sofias
Sekeri
Ermou
44
Stadiou
Athens Happy Train
15
22
Syntagma
Tombe du soldat inconnu
2
1
Parlement
SYNTAGMA
24
Othonos
Plateia Syntagmatos
51
Nikis
Voulis
Skoufou
20
50
Xenofontos
Filellinon
Église Sotira Lykodimou
Navarhou Nikodimou
Jardin national
3
9
43
18
Musée juif
4
Kodrou
Cremino
Plateia Rallou Manou
Leof Vasilissis Amalias
Plateia Sotiros
Kydathineon
Tsatsou
Dedalou
Parc du Zappéion

Voir

Parlement

ÉDIFICE HISTORIQUE

1 PLAN P. 80, G3

Le Parlement grec occupe depuis 1935 l'ancien palais royal, construit entre 1836 et 1842 par l'architecte bavarois Friedrich von Gärtner. C'est du balcon de cet édifice que la Constitution (*syntagma*) fut proclamée le 3 septembre 1843. Des visites guidées sont organisées quelques mois dans l'année ; réservez au moins cinq jours à l'avance. (www.hellenicparliament.gr/fr/ ; Plateia Syntagmatos, Syntagma ; entrée libre ; visite 15h lun et ven juin, juil et sep ; M Syntagma)

Tombe du soldat inconnu

MONUMENT

2 PLAN P. 80, G3

Dans l'avant-cour du Parlement (p. 82), la tombe du soldat inconnu est surveillée par les *evzones* ; ces gardes présidentiels dont l'uniforme, composé de la *fustanella* (courte jupe blanche plissée) et de chaussures à pompon, est inspiré de la tenue des *klephtes* (bandits montagnards qui jouèrent un rôle important dans la guerre d'Indépendance). La relève de la garde a lieu toutes les heures. Le dimanche à 11h, le peloton descend jusqu'à la tombe au son d'une fanfare. (Plateia Syntagmatos, Syntagma ; entrée libre ; M Syntagma)

Jardin national

JARDINS

3 PLAN P. 80, H4

Agréablement négligé, l'ancien jardin royal conçu entre 1838 et 1840 à l'instigation de la reine Amalia offre un délicieux refuge ombragé, à l'abri de la chaleur et de la circulation. Au milieu des arbres, vous trouverez un café, une aire de jeux, des plans d'eau peuplés de canards et de tortues, ainsi qu'un petit zoo (un peu déprimant néanmoins). L'entrée principale se situe dans Leoforos Vasilissis Sofias, au sud du Parlement, mais l'on peut aussi accéder au parc depuis Irodou Attikou à l'est, ou par le parc du Zappéion (p. 121), au sud. (entrée libre ; 7h-coucher du soleil ; M Syntagma)

Musée juif

MUSÉE

4 PLAN P. 80, E5

Ce petit musée retrace l'histoire de la communauté juive en Grèce, depuis le IIIe siècle av. J.-C. et les anciennes populations Romaniotes, jusqu'aux années suivant l'Holocauste, au moyen de documents, d'objets religieux et d'œuvres d'art populaire joliment présentés. L'histoire de l'évêque et du maire de Zante, qui sauvèrent de la déportation nazie les habitants israélites de l'île, retient particulièrement l'attention. (210 322 5582 ; www.jewishmuseum.gr ; Nikis 39, Plaka ; adulte/enfant 6 €/gratuit ; 9h-14h30 lun-ven, 10h-14h dim ; M Syntagma)

Musée des Instruments de musique populaire MUSÉE

5 PLAN P. 80, B4

Un ethnomusicologue passionné a rassemblé dans sa maison de trois étages près de 1 200 instruments de musique populaire. Des casques permettent d'écouter notamment le son de la *gaida* (cornemuse grecque en peau de chèvre) et celui des simandres utilisées par les moines du mont Athos pour appeler aux offices religieux. En été, des concerts ont lieu dans le ravissant jardin. (210 325 4119 ; odysseus.culture.gr ; Diogenous 1-3, Plaka ; entrée libre ; 10h-14h mar et jeu-dim, 12h-18h mer ; M Monastiraki)

Anafiotika QUARTIER

6 PLAN P. 80, B5

Accrochée au versant nord de l'Acropole, cette jolie enclave de Plaka date du milieu du XIXe siècle, quand le roi Othon fit venir des maçons d'Anafi pour bâtir son nouveau palais. D'étroits sentiers relient entre elles une quarantaine de maisons blanches, anciennes résidences des ouvriers, qu'égayent géraniums et bougainvilliers, dans le pur style cycladique. (Stratonos, Plaka ; M Monastiraki, Akropoli)

Musée Kanellopoulos MUSÉE

7 PLAN P. 80, A5

Cette demeure néo-classique sert d'écrin à une vaste collection d'art, léguée par la famille Kanellopoulos

Evzones devant la tombe du soldat inconnu.

à l'État grec en 1976 : bijoux, vases, icônes, figurines antiques en terre cuite et en bronze… Les plafonds de l'aile byzantine méritent également le coup d'œil. Les conditions de conservation et la signalétique laissent un peu à désirer, mais vous aurez sans doute l'endroit pour vous seul. (☎210 321 2313 ; odysseus.culture.gr ; Theorias 12, angle Panos, Plaka ; tarif plein/réduit 4/2 € ; 8h-15h mar-dim, horaires réduits en basse saison ; M Monastiraki)

Musée national d'Histoire MUSÉE

8 PLAN P. 80, E2

Consacré principalement à la guerre d'indépendance grecque du XIXe siècle, ce musée réunit une impressionnante collection d'armes, de costumes, de drapeaux… Certains effets personnels de Lord Byron, qui participa au siège de Missolonghi, y sont également conservés – jusqu'au lit de camp où il mourut de la malaria. Mieux vaut toutefois connaître un minimum le sujet, car les explications sont assez limitées. (☎210 323 7617 ; www.nhmuseum.gr/en ; Stadiou 13, Syntagma ; adulte/enfant 3 €/gratuit, dim gratuit ; 8h30-14h30 mar-dim ; M Syntagma)

Église Sotira Lykodimou ÉGLISE

9 PLAN P. 80, F5

La seule église byzantine octogonale d'Athènes, édifiée au XIe siècle, est aujourd'hui la cathédrale orthodoxe russe de la ville. Sa haute coupole ornée du Christ Pantocrator tranche avec sa taille plutôt modeste. L'intérieur scintillant d'or renferme notamment des icônes frappantes de réalisme, exécutées par le peintre grec Nikiforos Lytras (1832-1904) du temps qu'il étudiait à l'École des Beaux-Arts. (Fillelinon, Plateia Rallou Manou, Plaka ; M Syntagma)

Église Agia Ekaterini ÉGLISE

10 PLAN P. 80, D6

Régulièrement ouverte – fait assez rare pour être remarqué –, cette très vieille église byzantine (XIe siècle) toujours en activité comporte des fresques de la fin du XIXe siècle. Elle fut autrefois propriété du monastère Sainte-Catherine du Sinaï, d'où son nom. La cour à l'avant recèle quelques vestiges romains. (Lysikratous 3, Plaka ; 8h-12h et horaires variables le soir ; M Akropoli)

Musée d'Art populaire grec (22 rue Panos) MUSÉE

11 PLAN P. 80, A5

Tandis que le musée d'Art populaire grec se refait une beauté, cette annexe moderne accueille la petite collection permanente. Des outils d'avant la révolution industrielle sont exposés sur fond de musique traditionnelle, forme d'hommage au génie créatif de la Grèce rurale, beaucoup plus réussi qu'il n'y paraît au premier abord. (www.melt.gr ; Panos 22, Plaka ; adulte/enfant 2/1 € ; 8h-15h mar-dim)

Hammam des Vents

MUSÉE

12 PLAN P. 80, B4

Parmi les rares constructions ottomanes encore debout à Athènes, ce *hammam* du XVIIe siècle est aussi le seul bain public demeuré intact. De nos jours, impossible de s'y baigner ; mais l'ambiance sonore et les projections font revivre les lieux comme au temps de leur splendeur. (210 324 4340 ; www.melt.gr ; Kyrristou 8, Monastiraki ; adulte/enfant 2 €/gratuit ; 8h-15h mer-lun ; M Monastiraki)

Centre des Arts et Traditions populaires

MUSÉE

13 PLAN P. 80, D5

La demeure (1920) du folkloriste Angeliki Hatzimichalis, auteur d'une centaine de livres et d'articles sur les traditions grecques, offre un aperçu intéressant de la vie quotidienne dans l'ancien temps. La collection de costumes régionaux, broderies et autres objets n'est cependant pas aussi impressionnante que celle du musée Benaki (p. 100). (210 324 3987 ; www.cityofathens.gr ; Hatzimihali Angelikis 6, Plaka ; entrée libre ; 9h-19h mar-ven, jusqu'à 14h sam-dim ; M Syntagma)

Maison Benizelos

MAISON

14 PLAN P. 80, C4

Ouverte après rénovations en 2017, la "plus vieille maison d'Athènes" présente l'architecture typique des habitations grecques du XVIIe siècle, avec un rez-de-chaussée au sol en terre battue,

Anafiotika (p. 83)

L'autre relève de la garde

Le long du palais présidentiel dans Irodou Attikou, des evzones en costume traditionnel grec effectuent le cérémonial de la relève de la garde à l'écart des touristes de la place Syntagma – et ce même au cœur de la nuit.

couvert de pressoirs à raisins et à olives, ainsi que plusieurs pièces lambrissées à l'étage. À l'arrière, des colonnes antiques signalent l'entrée de l'ancienne oliveraie, reconvertie en jardin. Horaires assez restreints. (Adrianou 96, Plaka ; entrée libre ; 10h-13h mar et jeu, 11h-16h dim ; M Monastiraki, Syntagma)

Athens Happy Train

CIRCUIT TOURISTIQUE

15 PLAN P. 80, E3

Sous ses dehors un peu niais, ce petit train rouge sur roues a le mérite de mieux respecter l'environnement urbain que les habituels bus à impériale. Le circuit d'une traite dure une heure, mais on peut monter et descendre à sa guise aux arrêts (Acropole, Monastiraki, stade des Panathénées...). Départ en haut de la rue Ermou toutes les 30 minutes. (213 039 0888 ; www.athenshappytrain.com ; Plateia Syntagmatos, Syntagma ; adulte/enfant 5/3 € ; 9h-23h juin-sep, jusqu'à 21h oct-mai ; M Syntagma)

Al-Hammam

BAINS

16 PLAN P. 80, C5

À l'instar des deux autres bains turcs d'Athènes, Al-Hammam, niché dans une jolie demeure ancienne de Plaka, est un peu exigu. Mais ses marbres, carreaux et lustres colorés composent un beau décor dans le style ottoman ; de plus, à l'inverse des autres, ce hammam-ci est toujours en activité. Une fois sorti de la vapeur, vous pourrez prendre le thé sur la terrasse en contemplant l'Acropole. (211 012 9099 ; www.alhammam.gr ; Tripodon 16, Plaka ; bain de 45 min 25 €, bain et gommage à partir de 35 € ; 11h-22h ; M Akropoli)

Se restaurer

Kalderimi

TAVERNA €

17 PLAN P. 80, C1

Cachée derrière l'église Agii Theodori, cette taverna offre ce que la cuisine grecque a de plus authentique. Tout y est délicieux et frais : vous ne pouvez pas vous tromper ! Les tables, peintes à la main, bordent une rue piétonne paisible en journée, dans l'un des coins les plus animés de la ville – l'établissement ferme d'ailleurs avant que les bars voisins s'animent. (210 331 0049 ; Plateia Agion Theodoron, angle Skouleniou, Monastiraki ; plats 6-8 € ; 11h-20h lun-jeu, 11h-22h ven-sam ; ; M Panepistimio)

Palia Athina

TAVERNA €

18 PLAN P. 80, E5

Sans tapage ni fioriture, cette petite adresse familiale propose simplement une bonne cuisine à prix avantageux, surtout pour le quartier. Les plats mijotés tiennent au corps et les calamars farcis sont un régal. Livraison et vente à emporter également. (210 324 5777 ; Nikis 46, Syntagma ; repas 6-12 € ; 12h-23h ; M Syntagma)

Damigos

TAVERNA €

19 PLAN P. 80, D6

Caché dans une rue de Plaka, cet établissement traditionnel au cadre intimiste existe depuis 1865. Ici, la spécialité est le *bakaliaros*, de la morue cuite dans une chapelure légère et relevée d'une crème à l'ail. La cuvée du patron, conservée au frais dans des tonneaux à la cave, agrémente les plats à merveille. Entrée à droite du bar Brettos. (210 322 5084 ; www.mpakaliarakia.gr ; Kydathineon 41, Plaka ; plats 8-10 € ; 14h-minuit ; M Akropoli)

Avocado

VÉGÉTARIEN €

20 PLAN P. 80, E4

Ce café prisé offre une carte complète de plats végétaliens, bio et sans gluten – sandwichs, quinoa aux aubergines, curry de légumes au lait de coco, etc. – ainsi que des jus de fruits et lassis à la mangue maison. (210 323 7878 ; www.avocadoathens.com ; Nikis 30, Plaka ; plats 8-13 € ; 12h-23h lun-ven, 11h-23h sam, 12h-19h dim ; M Syntagma)

Glykys

MEZZE €

21 PLAN P. 80, D5

Dans un coin tranquille de Plaka, la cour ombragée du Glykys est principalement fréquentée par les étudiants et les riverains. Succulente sélection de mezze et de plats traditionnels comme le *briam* (légumes au four) et la seiche au vin. (210 322 3925 ; www.glykys.gr ; Angelou Geronta 2, Plaka ; mezze 4-8 € ; 10h-1h ; M Akropoli)

Glaces artisanales

Chez **Cremino** (Plan p. 80, E5 ; Nikis 50a, Plaka ; 2,20 €/boule ; 11h30-18h30, plus tard printemps-été ; M Syntagma, Akropoli), la charmante propriétaire fabrique elle-même ses glaces et sorbets à base de lait de bufflonne, à la fois fortes en goût et incroyablement légères. Les parfums changent chaque jour, mais essayez si possible le *kaïmaki*, une recette traditionnelle de Chios, composé de mastic (résine du pistachier lentisque) et de salep (poudre issue de tubercules d'orchidées sauvages).

ALBERTO AROCHAS/500PX ©

Le bar Brettos (p. 91)

Tzitzikas kai Mermigas

MEZZE €€

22 PLAN P. 80, E3

En plein centre d'Athènes, cette joyeuse adresse moderne aux étagères chargées de produits grecs propose des mezze aussi délicieux qu'originaux – goûtez le fromage de Naxos enveloppé de lard et de miel. (☎ 210 324 7607 ; www.tzitzikasmermigas.gr ; Mitropoleos 12-14, Syntagma ; mezze 6-12 € ; 12h-23h ; M Syntagma)

Evgenia

TAVERNA €€

23 PLAN P. 80, D4

À la périphérie de Plaka, cette taverna sans fioritures, avec quelques tables sur le trottoir, est imbattable pour ses excellentes recettes traditionnelles. Il y a une carte, mais préférez l'un des plats du jour (comme le *saganaki* à la crevette). (Paradosiako ; ☎ 210 321 4121 ; Voulis 44a, Plaka ; plats 7-13 € ; déj et dîner ; ; M Syntagma)

Meatropoleos 3

GREC €

24 PLAN P. 80, E3

Véritable bénédiction au milieu des fast-foods de Syntagma, ce restaurant de grillades au cadre design concocte de savoureuses saucisses et hamburgers, en plus des habituels souvlakis. Des salades, feuilletés de saison et autres classiques grecs sont aussi au menu. (☎ 210 324 1805 ; www.meatropoleos3.com ; Mitropoleos 3, Syntagma ; plats 6-12 €, souvlaki 1,50 € ; 11h-1h ; M Syntagma)

Metropolis
SANDWICHS €

25 PLAN P. 80, E2

Pour grignoter quelque chose d'autre que des souvlakis, direction cette sandwicherie gourmande et raffinée. La tartine de saumon mariné et le jus de fruits fraîchement pressé sortent du lot. (☎ 210 322 2122 ; Voulis 9-11, Syntagma ; sandwichs 3,50-6 € ; ⌚8h-18h30 lun et mer, jusqu'à 21h mar, jeu et ven, 10h-18h sam ; Ⓜ Syntagma)

Prendre un verre

Baba Au Rum
BAR À COCKTAILS

26 PLAN P. 80, C2

Dans une rue comptant plusieurs bars intéressants, cette adresse met le rhum à l'honneur à travers une excellente sélection de marques caribéennes rares et une large gamme de cocktails, classiques et inventifs. (☎ 211 710 9140 ; www.babaaurum.com ; Klitiou 6, Monastiraki ; ⌚19h-3h dim-ven, 13h-4h sam ; Ⓜ Syntagma, Monastiraki)

Yiasemi
CAFÉ

27 PLAN P. 80, B5

Une faune hétéroclite de jeunes Athéniens passe des heures entières dans les gros fauteuils ou sur les marches panoramiques du Yiasemi : preuve que le tourisme n'a pas entièrement dépossédé Plaka de son âme locale. Mieux vaut y aller en journée (en particulier pour le buffet végétarien du petit-déjeuner) et les soirs de semaine, quand les restaurants voisins ne gâchent pas l'ambiance. (☎ 213 041 7937 ; www.yiasemi.gr ; Mnisikleous 23, Plaka ; ⌚10h-3h ; Ⓜ Monastiraki)

Ippo
BAR

28 PLAN P. 80, D2

Avec son flipper, sa musique vintage (David Bowie, soul...) et ses en-cas au-dessus de la moyenne, ce chouette bar attire une clientèle légèrement plus âgée. Les toilettes sortent carrément de l'ordinaire ! (☎ 213 005 4715 ; Thiseos 11 ; ⌚19h30-2h dim-jeu, jusqu'à 4h ven-sam ; Ⓜ Syntagma)

Barley Cargo
BAR

29 PLAN P. 80, D2

Laissez votre Alfa de côté : nombre de bières artisanales grecques ainsi qu'une centaine de marques

Galeries marchandes

N'hésitez pas à pénétrer dans les stoas (galeries marchandes) qui traversent les grands immeubles autour de Syntagma. À l'écart des rues, vous croiserez sûrement des *ouzeries* à l'ancienne, des commerces spécialisés, des petits bijoux de bars à cocktails ou peut-être même des soirées éphémères avec DJ. Les espaces en sous-sol réservent aussi des surprises intéressantes.

Conseils aux fêtards

- Les bars de Syntagma se concentrent principalement sur la Plateia Karytsi et dans Kolokotroni.
- Buvez avec modération. L'ivresse sur la voie publique est mal vue et vous expose par ailleurs aux pickpockets et voleurs à la tire.
- Si vous aimez les soirées électro, le petit magasin de musique **Kasseta** (Sofokleous 5 ; 13h-22h mar, 12h-17h mer, 13h-21h jeu-ven, 12h-17h sam) pourra vous renseigner sur les événements à venir.

internationales vous attendent dans ce bar à la devanture ouverte sur la rue. Musique live certains soirs. (210 323 0445 ; Kolokotroni 6, Syntagma ; 11h-3h, à partir de 17h dim ; M Syntagma)

Heteroclito

BAR À VINS

30 PLAN P. 80, D3

Cette adresse décontractée offre les meilleurs crus de Grèce, assortis de fromages et de charcuteries du terroir, dans un décor de meubles vintage dépareillés. Dégustations organisées régulièrement. (210 323 9406 ; www.heteroclito.gr ; Fokionos 2, Monastiraki ; 12h30-minuit lun-jeu, jusqu'à 1h30 ven-sam, 18h-minuit dim ; M Monastiraki)

Kiki de Grece

BAR À VINS

31 PLAN P. 80, D4

Kiki de Montparnasse, l'égérie de Man Ray, déclara un jour n'avoir besoin dans les temps difficiles que de pain, d'un oignon et d'une bouteille de rouge. Sis dans une rue piétonne, le bar qui en a fait sa muse décline un choix impressionnant de vins grecs, mariés à des plats de différentes régions du pays. (210 321 1279 ; www.facebook.com/kikidegrece ; Ipitou 4 ; 12h-1h, jusqu'à 2h sam ; M Syntagma)

Clumsies

BAR

32 PLAN P. 80, C1

Les trois célèbres barmen aux commandes ne plaisantent pas avec le café et les cocktails créatifs ; pour autant, le Clumsies ne se prend pas au sérieux. Une clientèle sophistiquée investit les lieux le week-end. Pas d'enseigne : cherchez l'entrée éclairée au néon rouge. (210 323 2682 ; www.theclumsies.gr ; Praxitelous 30, Syntagma ; 10h-2h dim-jeu, 10h-4h ven-sam ; M Syntagma)

Gin Joint

BAR À COCKTAILS

33 PLAN P. 80, D1

Une soixantaine de gins et d'autres alcools haut de gamme, accompagnés de notices explicatives sur leurs origines. L'espace est réduit mais, comme souvent dans le centre d'Athènes, les clients prennent leurs aises dans la galerie marchande attenante. (210 321 8646 ; Christou Lada 1, Syntagma ; 18h-2h mar-jeu et dim, 19h-4h ven-sam ; M Syntagma)

Brettos

BAR

34 PLAN P. 80, D6

Adresse rétro, envahie de bouteilles et d'énormes tonneaux, Brettos compense largement le manque de bars à Plaka – et se double en plus d'une distillerie. Vin, ouzo, cognac et autres alcools maison. (210 323 2110 ; www.facebook.com/brettos.plaka/ ; Kydathineon 41, Plaka ; 10h-3h ; M Akropoli)

Melina

CAFÉ

35 PLAN P. 80, C5

Hommage à Mélina Mercouri, ce café-bar est orné de portraits de l'actrice et femme politique qui milita, sans succès, pour le retour à Athènes des fragments de frise du Parthénon conservés au British Museum. Le dimanche est le meilleur jour pour profiter de l'animation du lieu et observer le va-et-vient de Plaka depuis la terrasse. (Lyssiou 22, Plaka ; 9h-2h ; M Akropoli, Monastiraki)

Zonar's

CAFÉ

36 PLAN P. 80, F2

Onéreux cafés ou cocktails (15 €) sont le juste prix à payer pour se prélasser dans le décor de boiseries, de velours et de cuivre du fameux Zonar's, rénové en 2016. Après avoir reçu dans les années 1950 et 1960 des célébrités comme Simone de Beauvoir et Sophia Loren, l'établissement accueille toujours une clientèle chic. (210 325 1430 ; www.zonarsathens.gr ; Voukourestiou 9 ; 9h-3h, jusqu'à 4h ven-sam ; M Syntagma)

Sortir

Cine Paris

CINÉMA

37 PLAN P. 80, D5

Lieu magique pour voir un film, ce cinéma des années 1920 installé sur un toit de Plaka a vue sur l'Acropole depuis certains fauteuils. (210 322 0721 ; www.cineparis.gr ; Kydathineon 22, Plaka ; mai-oct ; M Syntagma)

Figoures & Koukles

THÉÂTRE D'OMBRES

38 PLAN P. 80, C6

En hiver, cet atelier de marionnettes donne un spectacle hebdomadaire de *karagiozi* (théâtre d'ombres) dans une charmante salle de 50 places. Le couple de marionnettistes explique volontiers au public les aspects techniques de leur art. En été, des représentations sont organisées plus souvent au Theatro Skion Tasou Konsta (p. 171), dans le parc de Palaio Faliro ; consultez le site Internet (à l'aide d'un outil de traduction). (210 322 7507 ; www.fkt.gr ; Tripodon 30, Plaka ; 3,50 € ; 11h30 dim oct-mai ; M Akropoli)

Athènes et la crise grecque

Les rues vivantes et les cafés animés d'Athènes ne trahissent pas immédiatement la crise financière dans laquelle la Grèce se débat pourtant depuis 2010. La capitale connaît une situation plus favorable que les zones rurales, mais la hausse des impôts et la réduction drastique des retraites – imposées comme conditions par l'UE et le FMI pour sauver le pays du marasme – ont touché tout le monde et creusé encore davantage les importants clivages économiques au sein de la population.

Les sans-abri, le taux de suicide et l'usage de drogues, de même que les cambriolages et les actes de violence, autrefois plutôt rares, ont augmenté. Confrontés à un taux de chômage des jeunes autour de 45%, beaucoup de diplômés partent à l'étranger en quête d'un emploi.

La crise a culminé en 2015, quand le système bancaire a failli s'effondrer et que le Premier ministre Alexis Tsipras, opposé aux mesures d'austérité, a fait curieusement volte-face en signant un nouveau plan de sauvetage trois jours après le "non" massif des Grecs au référendum organisé sur le sujet. Des manifestations de grande ampleur et des heurts violents avec la police se sont alors ensuivis. Vers la même période, des milliers de réfugiés fuyant les conflits et les persécutions en Syrie, Irak, Afghanistan, Érythrée et Afrique de l'Ouest ont commencé à débarquer chaque jour en Grèce, transformant le port du Pirée et la Plateia Viktoria en véritables campements improvisés.

La municipalité a accepté cet afflux migratoire, véritablement amorcé depuis les années 1990, comme un facteur de croissance. Le phénomène a en effet contribué par le passé à redynamiser certains quartiers d'Athènes : Psyrri compte désormais une rue de commerces bangladais et pakistanais, et l'on trouve à Metaxourgio de nombreux grossistes chinois. Les nouveaux arrivants ont revitalisé les squats d'Exarhia et le secteur de Viktoria. Plus au nord, les abords de la Plateia Amerikis ont attiré des immigrants érythréens et d'Afrique de l'Ouest.

Août 2018 a sonné la fin du dernier plan de soutien, laissant espérer la possibilité d'un retour de la croissance. Jusqu'ici, les indicateurs économiques annoncent une faible reprise, mais il faudra sans doute des années avant que l'angoisse disparaisse et que le moral des Grecs revienne au beau fixe.

Perivoli tou Ouranou

MUSIQUE TRADITIONNELLE

39 PLAN P. 80, D6

Cette taverna rustique à l'ancienne, avec musique traditionnelle, est une institution de Plaka. (210 323 5517 ; www.perivolitouranou.gr ; Lysikratous 19, Plaka ; plats 18-29 € ; 21h-tard ven-sam, 12h-18h dim oct-juin ; M Akropoli)

Stamatopoulos

MUSIQUE TRADITIONNELLE

40 PLAN P. 80, C5

Ce restaurant de Plaka fondé en 1882 propose des concerts tous les soirs et les samedis après-midi. L'adresse est si célèbre qu'on se croirait un peu sur le tournage d'un film. Des tables sont dressées dehors sur deux niveaux agrémentés de verdure et dans une confortable salle à manger, ornée de peintures murales. (210 322 8722 ; www.stamatopoulostavern.gr ; Lyssiou 26, Plaka ; 8-13 € ; 19h-2h lun-sam, 11h-2h dim ; M Monastiraki)

Shopping

Flâneur

DESIGN

41 PLAN P. 80, C5

Cette charmante enseigne propose une collection de souvenirs et d'articles de voyage design, de carnets de notes estampillés "φλανέρ" ("flâneur" en grec) ainsi que des vinyles de groupes indé grecs. (210 322 6900 ; Adrianou 110, angle Flessa, Plaka ; 11h-20h ; M Syntagma, Monastiraki)

Forget Me Not

CADEAUX ET SOUVENIRS

42 PLAN P. 80, C4

Un petit magasin où dénicher des articles de mode et de déco sortant de l'ordinaire, dessinés par des créateurs grecs, tels que dessous de verre "mauvais œil" ou sandales de plage ailées. (210 325 3740 ; www.forgetmenotathens.gr ; Adrianou 100, Plaka ; 10h-22h mai-sept, jusqu'à 20h oct-avr ; M Syntagma, Monastiraki)

Amorgos

ARTISANAT

43 PLAN P. 80, E5

Jouets en bois, marionnettes de théâtre d'ombres (*karagiozi*), céramiques, broderies et objets d'art populaire, ainsi que des meubles en bois sculpté, fabriqués par le propriétaire de cette adorable boutique. (210 324 3836 ; www.amorgosart.gr ; Kodrou 3, Plaka ; 11h-20h lun-ven, jusqu'à 19h sam ; M Syntagma)

Korres

COSMÉTIQUES

44 PLAN P. 80, E3

Dans cette pharmacie homéopathique, maison mère de la grande marque de cosmétique éponyme, vous pourrez vous procurer toute la gamme des produits de beauté naturels Korres – à de meilleurs prix qu'en France. (210 321 0054 ; www.korres.com ; Ermou 4, Syntagma ; 9h-21h lun-ven, jusqu'à 20h sam ; M Syntagma)

Hauts lieux du shopping

Adrianou Des magasins de souvenirs, dont un nombre croissant d'adresses vendant des articles design, jalonnent cette rue. Les commerces y ferment généralement tard.

Ermou La première artère commerçante moderne d'Athènes abrite surtout des enseignes de chaînes, mais a l'avantage d'être piétonne. À l'instar de celle-ci, bon nombre de villes grecques comptent une rue commerçante portant le nom d'Hermès (Ermou en grec), le dieu des marchands.

Alexis Papachatzis BIJOUX

45 PLAN P. 80, C4

Cette bijouterie est un enchantement avant même d'en franchir le seuil : tournez la manivelle de la vitrine, et vous la verrez s'animer. Les créations de Papachatzis – petits personnages, nuages et animaux en argent massif et émail – semblent sorties d'un livre de contes. (210 325 4064 ; www.alexisp.gr ; Erehtheos 6 ; 10h-16h lun, mer et ven, 10h-19h mar, jeu et sam ; M Monastiraki, Syntagma)

Fine Wine VIN

46 PLAN P. 80, D6

Au milieu des rues sinueuses de Plaka, ce petit bâtiment ocre rouge un brin décrépit renferme un trésor de millésimes grecs en bouteilles, rangés le long de ses vieux murs de pierre. Amateurs du coin et simples curieux y reçoivent un bon accueil. (210 323 0350 ; www.finewine.gr ; Lysikratous 3, Plaka ; 12h-21h ; M Akropoli)

Ioanna Kourbela MODE ET ACCESSOIRES

47 PLAN P. 80, D5

Une ligne de vêtements classiques aux tons chauds, signée Ioanna Kourbela : modèles en soie, coton et autres fibres naturelles, très confortables et décontractés pour la ville. La collection homme de la styliste grecque se trouve juste à l'angle, rue Iperidou. (210 322 4591 ; www.ioannakourbela.com ; Adrianou 109, Plaka ; 10h-21h lun-sam, 11h-21h dim ; M Syntagma)

Xylouris MUSIQUE

48 PLAN P. 80, F1

Dans une galerie marchande abritant plusieurs magasins de musique, cette caverne d'Ali Baba est tenue par la famille du légendaire compositeur crétois Nikos Xylouris. Faites-vous guider à travers le vaste choix de musiques traditionnelles grecques, ou demandez conseil pour l'achat d'un bouzouki. Présence d'une succursale au musée des Instruments de musique populaire (p. 83). (210 322 2711 ; xilouris.gr ; Stoa Pesmatzoglou, Panepistimiou 39, Panepistimio ; 9h-16h lun, mer et sam, jusqu'à 20h mar, jeu et ven ; M Panepistimio)

Cafés à Plaka

Actipis

BIJOUX

49 PLAN P. 80, D2

Spiros Actipis conçoit des bijoux élégants à partir de cailloux polis, d'argent brillant et de cuir brut. Sa boutique ferme l'été pour s'installer à Mykonos. (210 323 6907 ; www.actipis.com ; Lekka 20, Syntagma ; 11h30-20h lun-ven, jusqu'à 17h sam nov-avr ; M Syntagma)

Aidini

ARTISANAT

50 PLAN P. 80, E4

Errikos Aidini réalise de belles créations en métal dans l'atelier de cette ravissante boutique – petits miroirs, bougeoirs, lampes, aéroplanes et bateaux en bronze (sa spécialité). (210 323 4591 ; Nikis 32, Syntagma ; 10h-15h lun, mer et sam, 10h-21h mar, jeu et ven ; M Syntagma)

Anavasi

LIVRES, CARTES

51 PLAN P. 80, E4

Une grande librairie de voyages proposant de nombreuses cartes de la Grèce, ainsi que divers guides pour la randonnée et d'autres activités. (210 321 8104 ; www.anavasi.gr ; Voulis 32, angle Apollonos, Syntagma ; 9h30-17h30 lun et mer, jusqu'à 20h30 mar, jeu et ven, 10h-16h30 sam ; M Syntagma)

Promenade à pied

Le centre d'Athènes

Dynamique et riche en monuments, le centre d'Athènes se visite le mieux à pied. Le cœur historique et les principaux sites archéologiques, édifices, musées et lieux d'intérêt se situent à une courte distance les uns des autres : la Plateia Syntagmatos (place Syntagma), où siège le Parlement, débouche sur les quartiers historiques de Plaka et de Monastiraki. Idéal pour se faire une idée de la vie dans le centre.

La promenade

Départ Plateia Syntagmatos

Arrivée Marché aux puces de Monastiraki

Distance 2,5 km

Durée trois heures

❶ Plateia Syntagmatos

La place Syntagma, qui doit son nom à la Constitution du 3 septembre 1843, est considérée comme le centre d'Athènes. Arrangez-vous pour faire coïncider votre visite avec la relève de la garde devant la **tombe du soldat inconnu** (p. 82). Au nord de l'entrée du métro, vous remarquerez les vestiges d'un cimetière antique et de l'aqueduc de Pisistrate.

❷ Monument de Lysicrate

Ce **piédestal en marbre sculpté** (angle Sellei et Lysikratous, Plaka ; entrée libre ; M Akropoli, Syntagma) datant de 334 av. J.-C. se dresse dans la rue des Trépieds (Tripodon). Les vainqueurs des concours d'art dramatique et de chant dédiaient leurs trophées en bronze à Dionysos sur ces monuments, qui jalonnaient alors la voie jusqu'au théâtre de Dionysos, au pied de l'Acropole.

❸ Quartier d'Anafiotika

Dans Stratonos, rue bordant l'Acropole, l'**église Saint-Georges-du-Rocher** marque l'entrée d'**Anafiotika** (p. 83), une pittoresque enclave de Plaka évoquant les Cyclades.

❹ Bains turcs

Le joli **hammam des Vents** (p. 85) d'époque ottomane a été restauré et transformé en musée. Au coin de la rue, la boutique du **musée des Instruments de musique populaire** (p. 83) occupe également d'anciens bains turcs.

❺ Plateia Mitropoleos

Faites un tour au nord sur la **Plateia Mitropoleos**, siège de la **cathédrale d'Athènes** (p. 63) et de l'église Agios Eleftherios du XIIe siècle (dite la **Petite Métropole**). N'hésitez pas à imiter les habitants en allumant un cierge, contre quelques pièces.

❻ Bibliothèque d'Hadrien

La rue Pandrosou, vestige du vieux bazar turc, compte de nombreuses boutiques de souvenirs. Elle mène à la **bibliothèque d'Hadrien** (p. 64), érigée par l'empereur romain vers 132 et jadis le bâtiment public le plus fastueux de la ville.

❼ Marché aux puces de Monastiraki

Traversez la place centrale de Monastiraki, pleine de vendeurs de rue, et suivez Ifestou jusqu'au **marché aux puces** (p. 59) autour de la Plateia Avyssinias.

Une petite pause ?

À mi-parcours, du côté ouest de Plaka, faites une halte au paisible café **Klepsidra** (210 321 2493 ; Klepsydras et Thrasyvoulou, Plaka ; 9h-1h ; M Monastiraki), fréquenté par les habitants avant et après le travail.

Explorer

Kolonaki

Indissociable de l'élite athénienne, Kolonaki est le point de rencontre entre vieilles fortunes et nouveaux riches. Le quartier doit son nom à une colonne à l'origine obscure dressée au milieu de la Plateia Kolonakiou (place Kolonaki), l'épicentre de la vie locale. Émaillé de musées remarquables, de beaux immeubles d'habitation, de cafés, de restaurants, de boutiques et de galeries dans des rues arborées, Kolonaki se déploie de Syntagma jusqu'au versant sud-ouest du Lycabette.

Difficile de visiter le musée Benaki (p. 100) et le musée byzantin et chrétien (p. 106) en un seul jour. Choisissez l'un des deux, puis embrayez avec le musée d'Art cycladique (p. 106), plus petit.

Quoi que vous fassiez, prévoyez une pause café sur la place Kolonaki, ou un déjeuner dans un café chic de Skoufa comme Nice N' Easy (p. 109). Les adeptes du shopping pourront s'adonner au lèche-vitrines dans les nombreux commerces du quartier. Il vous faudra ensuite grimper un peu ou prendre le funiculaire à la conquête du Lycabette ("colline des loups"). Depuis le café-bar perché au sommet, la vue sur la ville illuminée est impressionnante.

Comment s'y rendre et circuler

M La station Evangelismos (ligne bleue) dessert la partie est de Kolonaki.

M La station Syntagma (lignes bleue et rouge) dessert la limite ouest du quartier.

Plan de Kolonaki p. 104

Vue d'Athènes depuis le Lycabette (p. 103)

Les incontournables

Musée Benaki

Pendant 35 ans, Antonis Benakis (1873-1954), fils de politicien et fervent amateur d'art, rassembla dans l'ancienne maison familiale toutes ses trouvailles ramenées de voyages en Europe et en Asie. Splendide et très diversifiée, la collection s'étale aujourd'hui sur trois étages et offre un panorama assez complet de la culture grecque au cours de l'histoire, des artefacts mycéniens de l'âge de bronze aux costumes régionaux, en passant par des œuvres du Greco.

PLAN P. 104, C5

www.benaki.gr

Koumbari 1, angle Leoforos Vasilissis Sofias, Kolonaki

tarif plein/étudiant/enfant 9 €/7 €/gratuit

9h-17h mer et ven, 9h-minuit jeu et sam, 9h-16h dim

M Syntagma, Evangelismos

Rez-de-chaussée

Pièces préhistoriques

Dans la salle 1 sont conservés des outils en silex datant du paléolithique moyen (50 000-40 000 av. J.-C.). Peut-être les plus vieux objets créés par l'homme que vous verrez jamais.

École crétoise de peinture

Sous la domination vénitienne (XVe-XVIe siècle), les artistes crétois développèrent de nouvelles techniques pour l'ornementation des icônes (épaisseur des contours, représentation fidèle des drapés et de la peau...), encore utilisées de nos jours. On peut admirer des chefs-d'œuvre du genre dans la salle 12, notamment des peintures de Domenikos Theotokopoulos (Le Greco, 1541–1614), ainsi que dans la salle 27 dédiée à Theodoros Poulakis (1622–1692).

Premier étage

Salles de réception

Benakis alla jusqu'à acquérir et transposer dans le musée des pièces entières extraites de riches demeures, toutes en boiseries sculptées et vitraux. Après l'éblouissante section consacrée aux richesses de l'Épire des XVIIIe et XIXe siècles, ne manquez pas la salle de réception de la maison Voulgaris, ramenée d'Hydra, non plus que cette autre pièce débusquée à Kozani (Macédoine), datant du milieu du XVIIIe siècle.

Costumes

Au 1er étage, vous pouvez admirer les innombrables costumes des régions et îles grecques (Péloponnèse, Épire, Macédoine, Thrace...) témoignant de la diversité culturelle du pays, ainsi que d'anciens objets à la valeur inestimable, tels que des cadres de porte en marbre sculpté et des couronnes ottomanes serties de joyaux.

★ À savoir

- Entrée libre et fermeture à minuit le jeudi.
- Un pass (25 €) valable 3 mois couvre le musée Benaki et ses neuf antennes (une entrée par musée), dont l'annexe Pireos dédiée à l'art contemporain (p. 163) et le musée d'Art islamique (p. 163).

Une petite pause ?

Le café (p. 109) du musée Benaki est réputé pour sa bonne cuisine, servie sur une terrasse dominant le Jardin national et l'Acropole. Autrement, optez pour l'un des cafés de la Plateia Kolonakiou, comme le Da Capo (p. 111).

Promenade à pied

Kolonaki : un quartier dans le vent

Quartier huppé, Kolonaki attire célébrités, acteurs, politiciens et journalistes, auxquels se mêle encore un défilé de vieilles aristocrates athéniennes et de modeuses chics de sortie. Aux bars sur la place éponyme, les jeunes préfèrent ceux de Skoufa, Haritos et Ploutarhou. Joignez-vous au mouvement pour profiter de l'ambiance distrayante et branchée.

La promenade

Départ Skoufa à Lykavittou

Arrivée Dinokratous près de Plateia Dexameni

Distance 1,8 km

Durée deux heures

❶ À l'heure du café

La pause café est le passe-temps favori à Kolonaki. Le rituel trouve ses racines historiques au **Filion** (☎ 210 361 2850 ; www.facebook.com/filioncafeathens/ ; Skoufa 34, Kolonaki ; ⏲ 7h-00h30 ; 📶 ; Ⓜ Syntagma), café sympathique, théâtre de nombreuses intrigues politiques, à en croire la vieille garde locale qui vient aujourd'hui y feuilleter son journal.

❷ Pour la maison

La boutique de déco chic **Graffito** (☎ 210 360 8936 ; www.graffito.gr ; Solonos 34, Kolonaki ; ⏲ 9h-17h lun et mer, jusqu'à 21h mar, jeu et ven, 10h-18h sam ; Ⓜ Panepistimio, Syntagma) vous donnera une idée de la façon dont les résidents branchés de Kolonaki aménagent leur intérieur. Présence d'un petit café spécialisé dans les desserts végétaliens crus.

❸ Beauté

Apivita (☎ 210 364 0560 ; www.apivita.com ; Solonos 6, Kolonaki ; ⏲ 10h-21h mar, jeu et ven, jusqu'à 17h lun, mer et sam, spa fermé lun et dim ; Ⓜ Syntagma) est la devanture officielle de la marque de cosmétiques apicoles éponyme. Pourquoi ne pas vous offrir un soin du visage dans le spa ?

❹ Taverna traditionnelle

Toujours bondé, le **Filippou** (☎ 210 721 6390 ; www.filippou.gr ; Xenokratous 19, Kolonaki ; plats 8-12 € ; ⏲ 12h30-17h et 19h-minuit lun-ven, 13h-17h sam ; Ⓜ Evangelismos) est une taverna classique fondée en 1923, réputée pour sa cuisine maison. Des tables aux nappes blanches sont installées dans la cour – réservez.

❺ Colline du Lycabette

Un sentier partant du haut de la rue Loukianou gravit le Lycabette, d'où la vue splendide embrasse la ville et le bassin de l'Attique. On peut aussi prendre le **funiculaire** (Teleferik ; ☎ 210 721 0701 ; aller-retour/aller 7,50 €/5 € ; ⏲ ttes les 30 min 9h-3h) du haut de Ploutarhou. Trônant au sommet de la colline, la chapelle Agios Georgios (colline du Lycabette, Kolonaki ; Ⓜ Evangelismos) éclaire la nuit tel un phare. Avec un peu de chance, vous tomberez sur une cérémonie de mariage.

❻ Dîner en terrasse

Oikeio (p. 108) est une taverna moderne proposant une excellente cuisine familiale à prix abordables. Depuis les tables réparties sur le trottoir, vous pourrez observer les allées et venues du beau monde. Réservez pour dîner.

❼ Dernier verre

Sur les hauteurs de Kolonaki, le **Jazz in Jazz** (p. 110) convient à merveille pour prendre un dernier verre de vin ou de whisky dans un cadre cosy. Le reflet des bougies sur les instruments de musique accrochés aux murs tamise la pièce d'une jolie lueur cuivrée.

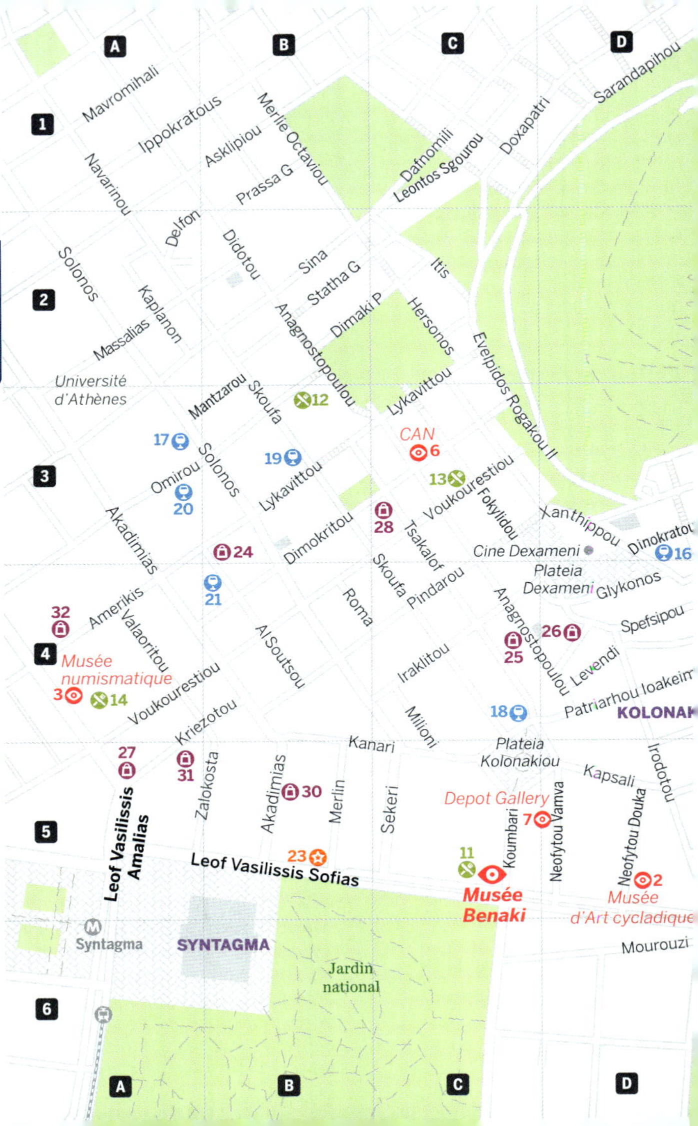
A
B
C
D
1
2
3
4
5
6
Mavromihali
Ippokratous
Asklipiou
Merlie Octaviou
Navarinou
Prassa G
Dafnomili
Leontos Sgourou
Doxapatri
Sarandapihou
Delfon
Didotou
Sina
Statha G
Itis
Solonos
Kaplanon
Massalias
Anagnostopoulou
Dimaki P
Hersonos
Evelpidos Rogakou II
Université d'Athènes
Mantzarou
Skoufa
12
Lykavittou
CAN
6
17
19
Solonos
Omirou
20
Lykavittou
13
Voukourestiou
Fokylidou
Akadimias
28
Tsakalof
Xanthippou
Dinokratous
Cine Dexameni
16
24
Dimokritou
Skoufa
Pindarou
Plateia Dexameni
Glykonos
21
Roma
Amerikis
32
Valaoritou
Al Soutsou
Anagnostopoulou
26
Spefsipou
25
Levendi
Iraklitou
4
Musée numismatique
3
14
Voukourestiou
Patriarhou Ioakeim
18
KOLONAKI
Milioni
Kriezotou
27
31
Kanari
Plateia Kolonakiou
Kapsali
Irodotou
Zalokosta
Akadimias
30
Merlin
Sekeri
Depot Gallery
7
Koumbari
Neofytou Vamva
Neofytou Douka
Leof Vasilissis Amalias
23
11
Leof Vasilissis Sofias
Musée Benaki
2
Musée d'Art cycladique
Syntagma
SYNTAGMA
Jardin national
Mourouzi

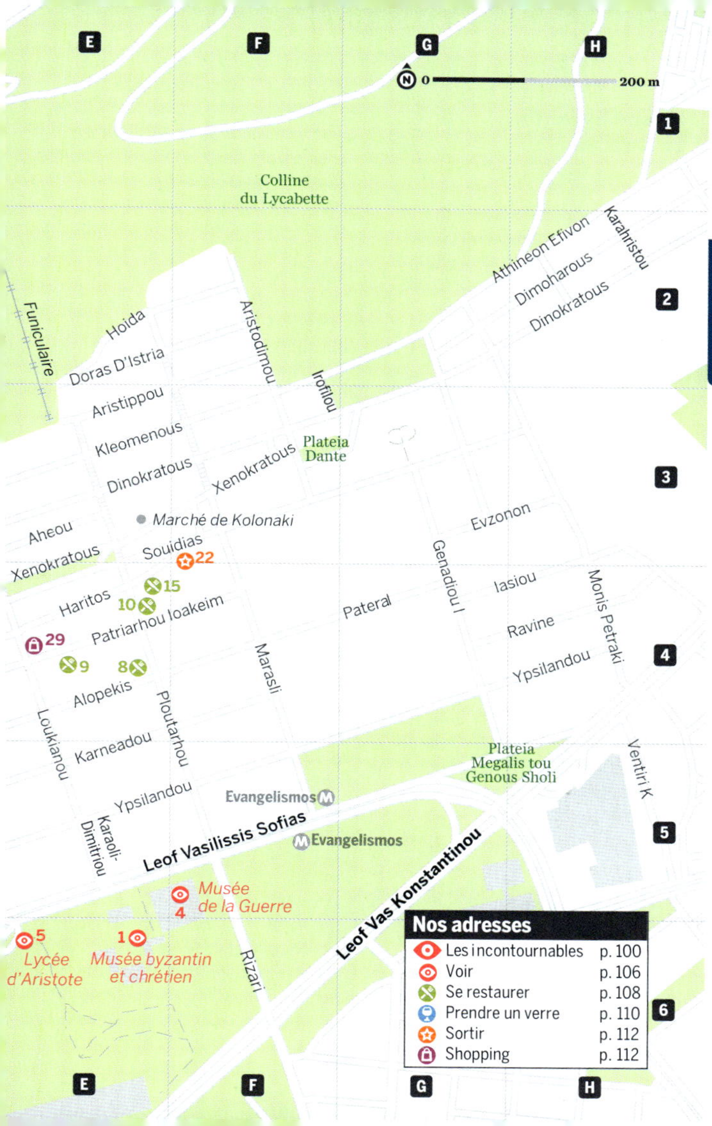
E
F
G
H
0
200 m
1
2
3
4
5
6
Colline du Lycabette
Funiculaire
Hoida
Doras D'Istria
Aristippou
Kleomenous
Dinokratous
Aristodimou
Irofilou
Plateia Dante
Xenokratous
Athineon Efivon
Dimoharous
Dinokratous
Karahristou
Marché de Kolonaki
Aheou
Xenokratous
Souidias
22
15
10
Haritos
Patriarhou Ioakeim
29
9
8
Alopekis
Loukianou
Karneadou
Ploutarhou
Ypsilandou
Karaoli-Dimitriou
Marasli
Pateral
Genadiou I
Evzonon
Iasiou
Ravine
Ypsilandou
Monis Petraki
Plateia Megalis tou Genous Sholi
Ventiri K
Evangelismos
Leof Vasilissis Sofias
Evangelismos
Leof Vas Konstantinou
4
Musée de la Guerre
5
Lycée d'Aristote
1
Musée byzantin et chrétien
Rizari
Nos adresses
Les incontournables p. 100
Voir p. 106
Se restaurer p. 108
Prendre un verre p. 110
Sortir p. 112
Shopping p. 112

Voir

Musée byzantin et chrétien

MUSÉE

1 PLAN P. 104, E6

Ce remarquable musée – sur le domaine de la villa Ilissia (1848) – renferme dans de vastes galeries en sous-sol une collection d'art chrétien inestimable, datant du IIIe au XXe siècle. Fascinant voyage à travers l'histoire du monde byzantin et post-byzantin, la visite est parsemée d'icônes, bien sûr, mais aussi de fresques, de mosaïques, de sculptures, de textiles, de manuscrits et de vêtements sacerdotaux, agréablement présentés. Les jardins à la française (entrée libre) sont parsemés de ruines antiques, dont un tronçon de l'aqueduc de Pisistrate (VIe siècle av. J.-C.). Le ravissant café offre une belle vue sur la verdure. (213 213 9500 ; www.byzantinemuseum.gr/en/ ; Leoforos Vasilissis Sofias 22, Kolonaki ; adulte/enfant 8 €/gratuit ; 12h-20h lun, 8h-20h mar-dim avr-oct, horaires réduits nov-mars ; M Evangelismos)

Musée d'Art cycladique

MUSÉE

2 PLAN P. 104, D5

Ce musée privé conserve la plus importante collection indépendante d'art cycladique. La simplicité et la pureté des formes des figurines funéraires en marbre du 1er étage (3000-2000 av. J.-C.) inspirèrent de nombreux artistes du XXe siècle, comme Picasso et Modigliani. La plupart de ces idoles blanches sont étonnamment petites, mais leurs dimensions peuvent grandement varier – l'une d'elles est presque à taille humaine. Le reste du musée présente des œuvres grecques et chypriotes datant de 2000 av. J.-C. au IVe siècle. (210 722 8321 ; www.cycladic.gr ; Neofytou Douka 4, angle Leoforos Vasilissis Sofias, Kolonaki ; adulte/enfant 7 €/gratuit, demi-tarif lun, expositions temporaires 10 € ; 10h-17h lun, mer, ven et sam, jusqu'à 20h jeu, 11h-17h dim ; M Evangelismos)

Musée numismatique

MUSÉE

3 PLAN P. 104, A4

La belle demeure d'Heinrich Schliemann, pionnier de l'archéologie grecque qui découvrit les ruines de Troie et de Mycènes (p. 129), sert d'écrin à une intéressante collection de monnaies anciennes. Construite en 1881 par l'architecte Ernst Ziller, la maison arbore des sols en mosaïques et les murs sont couverts de fresques peintes aux motifs inspirés de l'Antiquité. Un excellent café se trouve dans le petit jardin attenant. (210 363 2057 ; www.nummus.gr ; Panepistimiou 12 ; adulte/étudiant 6/3 € ; 8h30-15h30 mar-dim ; M Panepistimio, Syntagma)

Musée de la guerre

MUSÉE

4 PLAN P. 104, F5

Installé dans un bâtiment massif du temps des généraux, ce musée illustre à travers des armes, souvenirs militaires, plans et maquettes les conflits qui marquèrent l'histoire de la Grèce, de la civilisation mycénienne à nos jours. Près du Musée byzantin et chrétien. (☎210 725 2975 ; www.warmuseum.gr ; Rizari 2, angle Leoforos Vasilissis Sofias, Kolonaki ; adulte/enfant 4/2 € ; 9h-19h avr-oct, jusqu'à 17h nov-mars ; M Evangelismos)

Lycée d'Aristote

RUINES ANTIQUES

5 PLAN P. 104, E6

Les vestiges du lycée fondé par Aristote en 335 av. J.-C. n'ont été exhumées qu'en 2011. Dans ce gymnasium, initialement situé hors des murs de la ville, le philosophe enseignait la rhétorique et la philosophie à ses disciples tout en marchant, ce qui valut à son courant de pensée de prendre le nom d'école péripatéticienne (de *peripatetikos*, "qui aime se promener en discutant"). (Lykeion, Lycée d'Aristote ; www.odysseus.culture.gr; l'angle Rigillis et Leoforos Vasilissis Sofias, Kolonaki; adulte/enfant 4 €/gratuit ; 8h-20h lun-ven ; M Evangelismos)

CAN

GALERIE

6 PLAN P. 104, C3

Cette galerie fondée par Christina Androulidaki sert de tremplin à des artistes grecs émergents.

Le musée d'Art cycladique

Grèce byzantine

À la suite de la montée en puissance de l'Empire romain d'Orient (ou Empire byzantin), au carrefour des civilisations grecque et chrétienne, l'empereur romain Constantin Ier, qui s'était converti au christianisme, désigna la cité grecque de Byzance (renommée Constantinople en 330, puis Istanbul sous les Ottomans) comme capitale de l'empire. Alors que Rome déclinait, la capitale orientale commença à gagner en influence et en richesse.

Le christianisme devint la religion officielle de la Grèce en 394. Dès lors, l'adoration des dieux grecs et romains fut interdite. Athènes demeura un centre culturel majeur jusqu'en 529, quand l'enseignement de la philosophie "païenne" classique fut proscrit au profit de la théologie chrétienne.

Au cours des siècles qui suivirent, la Grèce byzantine conserva son emprise sur la région, malgré les assauts des Perses et des Arabes. De 1200 à 1450, la cité fut occupée par une succession d'envahisseurs – Francs, Catalans, Florentins et Vénitiens. La prise de Constantinople par les Ottomans en 1453 signa la fin de l'Empire byzantin. Lorsqu'elle fut désignée capitale de la Grèce en 1834 à l'issue de la guerre d'Indépendance, Athènes n'avait plus rien de sa grandeur d'antan.

(☎ 210 339 0833 ; www.can-gallery.com ; Anagnostopoulou 42, Kolonaki ; 🕒 11h-15h et 17h-20h mar-ven, 11h-16h sam, fermé en août sauf sur rdv ; M Syntagma)

Depot Gallery GALERIE

7 PLAN P. 104, D5

Sponsor du festival de street art d'Athènes, cette galerie en sous-sol met à l'honneur des artistes grecs (George Raptis, Vasilis Geros, Faye Tsakalides...) et internationaux inspirés par l'environnement urbain. Les expositions changent environ tous les deux mois. (☎ 210 364 8174 ; www.depotgallery.gr ; Neofytou

Se restaurer

Oikeio MÉDITERRANÉEN €

8 PLAN P. 104, E4

Taverna moderne, au décor de bistrot avec terrasse sur le trottoir, l'"Accueillant" propose une cuisine maison fort réussie. La carte comprend des pâtes, salades et plats internationaux savoureux, mais préférez le *mayirefta* (plat mijoté ou cuit au four) du jour, tel que les courgettes farcies. Réservez le week-end. (☎ 210 725 9216 ; Ploutarhou 15, Kolonaki ; plats 8-12 € ; 🕒 12h30-minuit lun-jeu, jusqu'à 1h ven-sam, jusqu'à 18h dim ; M Evangelismos)

Kostarelos

FROMAGERIE €

9 PLAN P. 104, E4

Pour l'anecdote, les Grecs sont les plus gros consommateurs de produits laitiers en Europe, avec une moyenne de 30 kg par personne et par an. On comprend vite pourquoi en entrant chez Kostarelos, vieille fromagerie familiale en activité depuis 1937, partiellement reconvertie en restaurant. Au menu : sandwichs, fondues, *saganaki* (fromage frit) et salades. (210 725 9000 ; www.kostarelos.gr ; Patriarhou Ioakeim 30, Kolonaki ; sandwichs 5-7 € ; 8h-22h lun-sam ; M Evangelismos)

Kalamaki Kolonaki

GRILLADES €

10 PLAN P. 104, E4

Un excellent petit restaurant de grillades, plus chic que la moyenne – à l'image de Kolonaki –, avec quelques tables sur le trottoir. Commandez des *kalamakia* (brochette ; 1,70 €), ajoutez une salade et des pitas, et vous aurez un repas complet. (210 721 8800 ; Ploutarhou 32, Kolonaki ; plats 7 € ; 13h-minuit ; M Evangelismos)

Café du musée Benaki

GREC €€

11 PLAN P. 104, C5

Avec sa salle ouverte et sa terrasse donnant sur le Jardin national et l'Acropole, cette table à la cuisine traditionnelle épouse bien le cadre du musée. Des Athéniens d'un certain âge s'y retrouvent pour déjeuner et l'on se croirait presque dans un club privé.
La fermeture tardive certains jours de la semaine permet de dîner et même de prendre un verre le soir. (Koumbari 1, Kolonaki ; plats 12-16 € ; 9h-17h mer et ven, jusqu'à minuit jeu et sam, jusqu'à 16h dim ; M Evangelismos)

Nice N' Easy

CAFÉ €

12 PLAN P. 104, B3

Dégustez des sandwichs, des salades et de délicieux plats de brunch à base de produits bio et frais, comme les *huevos rancheros* (œufs au plat à la mexicaine), sous le regard de Louis Armstrong et Marilyn Monroe. Nombreuses options végétaliennes et sans gluten. (210 361 7201 ; www.niceneasy.gr ; Omirou 60, Kolonaki ; plats 8-18 € ; 9h-1h30 ; ; M Panepistimio)

Papadakis

POISSON €€€

13 PLAN P. 104, C3

Tenu par un célèbre chef grec, auteur de livres de cuisine, ce restaurant sélect met l'accent sur les produits de la mer. Vous y dégusterez des recettes créatives comme le ragoût de poulpe au miel et vin doux, la *salatouri* (salade de poisson) ou la salade de la mer (sorte d'algue ou asperge de mer). Service parfois un brin condescendant. (210 360 8621 ; Fokylidou 15, Kolonaki ; plats 18-38 € ; 13h30-minuit lun-sam, 13h30-18h dim ; M Syntagma)

Telemachos

GRILLADES **€€€**

14 PLAN P. 104, A4

Ce grill élégant et moderne prépare la viande de bœuf piémontais aussi bien que des plats plus typiquement locaux, comme l'agneau rôti à la broche. Cuisson au charbon de bois, service impeccable et musique de films grecs rétro en fond sonore. Ne vous laissez pas effrayer par le steak à 75 €/kg ; le menu agneau ne vous reviendra qu'à 24 €. (210 361 3300 ; www.telemachosathens.gr ; Panepistimiou 10, Kolonaki ; plats à partir de 18 € ; 13h-1h ; M Syntagma)

Capanna

ITALIEN **€€**

15 PLAN P. 104, E4

Ce restaurant d'angle s'agrémente l'été d'une terrasse sur le trottoir. Honneur aux spécialités italiennes savoureuses et roboratives (pizzas, gnocchis au gorgonzola...), à arroser d'un verre de vin. Prix un peu élevés, mais service attentif. (210 724 1777 ; Ploutarhou 38, Kolonaki ; plats 10-17 € ; 13h-1h mar-dim ; ; M Evangelismos)

Prendre un verre

Jazz in Jazz

BAR

16 PLAN P. 104, D3

Par temps froid, rien ne vaut ce bar douillet, où les vieux instruments de musique en cuivre brillent à la lumière des bougies. Le be-bop de la Nouvelle-Orléans et les conversations autour d'un verre de vin ou de whisky réchauffent l'atmosphère. (210 725 8362 ; Dinokratous 3, Kolonaki ; 20h-3h ; M Syntagma, Evangelismos)

Bars de la rue Tsakalof, à Kolonaki

PITK/SHUTTERSTOCK ©

Dark Side of Chocolate

CAFÉ

17 PLAN P. 104, A3

Ce mouchoir de poche s'est fait un nom grâce à son chocolat chaud et ses truffes maison, présentées dans une vitrine comme de précieux bijoux. Le cadre cosy idéal pour prendre sa dose de caféine en grignotant une pâtisserie. (210 339 2348 ; Solonos 49, Kolonaki ; 8h-23h lun-ven, à partir de 10h sam ; M Panepistimio)

Da Capo

CAFÉ

18 PLAN P. 104, C4

Une adresse toujours bondée, dans une rue piétonne. Les commandes se font au comptoir – une pratique assez rare en Grèce. (210 360 2497 ; Tsakalof 1, Kolonaki ; 8h-19h ; M Syntagma)

Passepartout

CAFÉ-BAR

19 PLAN P. 104, B3

L'archétype des cafés-bars de Kolonaki : ici, on vient pour voir et être vu. Décor moderne et sièges confortables ; les bruncheurs investissent les tables extérieures en journée, avant qu'une clientèle plus chic ne prenne la place le soir venu. (210 364 5546 ; www.passepartoutcafe.gr ; Skoufa 47, Kolonaki ; 10h-2h ; M Panepistimio)

Café Boheme

CAFÉ

20 PLAN P. 104, A3

Une sorte de brasserie jazzy fréquentée par une clientèle d'habitués du coin, un peu plus âgés qu'ailleurs. Au calme de la journée succède parfois un DJ set, ou une soirée chanson et danse. Bon choix de vins et cuisine grecque savoureuse (plats 7-15 €). Réfractaires à la fumée de cigarette, passez votre chemin ! (210 360 8018 ; www.cafeboheme.gr ; Omirou 36, Kolonaki ; 9h30-3h, fermé l'été ; M Panepistimiou)

To Tsai

MAISON DE THÉ

21 PLAN P. 104, B4

Vous siroterez ici votre thé sur une table en bois naturel, dans une ambiance zen, avec parfois du jazz de la Nouvelle-Orléans en fond sonore. Repas légers (6-9 €) – soupe, poulet grillé, etc. (210 338 8941 ; www.tea.gr ; Alexandrou Soutsou 19, Kolonaki ; 6h-21h lun-sam, tlj en hiver ; M Syntagma)

Plateia Dexameni

Cette place a décidément tout pour plaire : un chouette café, une vue sur la citerne de l'aqueduc d'Hadrien, illuminée le soir, et le **Cine Dexameni** (Plan p. 104, D3 ; 210 362 3942 ; www.facebook.com/cinedexameni/ ; Plateia Dexameni, Kolonaki ; adulte/enfant 8/5 €, 2 pour le prix d'une mar ; M Evangelismos), un cinéma en plein air avec chaises longues et des tables où poser sa bière.

Sortir

Cine Athinaia
CINÉMA

22 PLAN P. 104, F3

Au bout d'une courte rue piétonne bordée de bars agréables, ce cinéma en plein air organise des projections de films l'été venu. (210 721 5717 ; www.cineathinaia.gr ; Haritos 50, Kolonaki ; adulte/enfant 8/6 €, 2 pour le prix d'une mar ; M Evangelismos)

Fondation Theocharakis pour les beaux-arts et la musique
ESPACE ARTISTIQUE

23 PLAN P. 104, B5

Cette fondation dispose d'un théâtre destiné aux concerts classiques et autres événements culturels, un espace sur trois niveaux pour les expositions (renouvelées une ou deux fois par an ; 6 €), une boutique d'art et un agréable café. (210 361 1206 ; www.thf.gr ; Leoforos Vasilissis Sofias 9, Kolonaki ; adulte/enfant 6 €/gratuit ; 10h-18h lun-mer et ven-dim, 10h-20h jeu sept-juil ; ; M Syntagma)

Shopping

Lemisios
CHAUSSURES

24 PLAN P. 104, B3

Cette institution athénienne, fondée en 1912, confectionne sur mesure des chaussures à brides, ballerines, richelieus et autres modèles classiques. Prix étonnamment raisonnables, compte tenu du niveau de savoir-faire. (210 361 1161 ; Lykavittou 6, Kolonaki ; 9h-15h lun, mer et sam, jusqu'à 20h30 mar, jeu et ven ; M Syntagma, Panepistimio)

Katerina Ioannidis
BIJOUX

25 PLAN P. 104, C4

Issue d'une famille d'orfèvres, Katerina Ioannidis utilise des éléments folkloriques de Grèce et d'ailleurs pour concevoir des bijoux légers, bohèmes et parfois rigolos, comme les pendentifs Black Sheep (tête de mouton plaquée or montée sur un pompon noir), ou les petits gri-gris en forme de haricot. (6932375717 ; www.katerinaioannidis.com ; Anagnostopoulou 15, Kolonaki ; 10h-16h lun, mer et sam, jusqu'à 21h mar, jeu et ven ; M Syntagma)

Elena Votsi
BIJOUX

26 PLAN P. 104, D4

Elena Votsi est connue pour ses arrangements massifs de belles pièces semi-précieuses. Son style sculptural lui a valu d'être choisie pour créer la médaille des Jeux olympiques de 2004. Vous pourrez aussi dénicher les sacs tissés à la main et des articles pour la maison d'inspiration grecque. En été, Elena Votsi ferme boutique à Athènes pour exercer son activité sur l'île d'Hydra. (210 360 0936 ; www.elenavotsi.com ; Xanthou 7, Kolonaki ; 10h-20h mar-sam oct-mars ; M Evangelismos)

Mastiha Shop
ALIMENTATION

27 PLAN P. 104, A5

Un magasin spécialisé dans les produits à base de *mastiha*, la substance résineuse qui suinte de l'arbre à mastic, spécialité de l'île de Chios : liqueurs, denrées alimentaires, cosmétiques et huiles essentielles. Autre enseigne à l'aéroport. (210 363 2750 ; www.mastihashop.com ; Panepistimiou 6, Syntagma ; 9-20h lun et mer, jusqu'à 21h mar, jeu et ven, jusqu'à 17h sam ; M Syntagma)

Parthenis
MODE ET ACCESSOIRES

28 PLAN P. 104, C3

Des modèles de grande qualité à la coupe sobre et élégante, conçus à partir de matières naturelles par un père et sa fille. Créations pour hommes et femmes (210 363 3158 ; www.orsalia-parthenis.gr ; Dimokritou 20, angle Tsakalof, Kolonaki ; 10h-15h lun et mer, jusqu'à 20h30 mar, jeu et ven, jusqu'à 16h sam ; M Syntagma)

Fanourakis
BIJOUX

29 PLAN P. 104, E4

L'un des bijoutiers grecs les plus créatifs ! Lina Fanouraki dessine des pièces délicates et originales : colliers d'or torsadés en serpentin, anneaux incrustés de pierres, pendentifs en forme d'insectes... Bref, du grand art. (210 721 1762 ; www.fanourakis.gr ; Patriarhou Ioakeim 23, Kolonaki ; 10h-17h lun, mer et sam, jusqu'à 21h mar, jeu et ven ; M Syntagma)

Vassilis Zoulias
CHAUSSURES ET VÊTEMENTS

30 PLAN P. 104, B5

Spécialiste des chaussures féminines au style élégant et intemporel, le Manolo Blahnik grec présente aussi une ligne de vêtements dans le même esprit, avec des robes colorées aux accents des années 1950 et 1960. (210 338 9924 ; www.vassiliszoulias.com ; Akadimias 4, Kolonaki ; 10h-17h lun, mer et sam, jusqu'à 21h mar, jeu-ven ; M Syntagma)

Galerie Zoumboulakis
ART

31 PLAN P. 104, A5

De belles estampes et affiches en éditions limitées de grands artistes grecs comme Yannis Tsarouchis, Dimitris Mytaras et Alekos Fassianos. Les galeristes tiennent aussi un espace dédié à l'art contemporain sur la place Kolonaki. (210 363 4454 ; www.zoumboulakis.gr ; Kriezotou 6, Syntagma ; 10h-15h lun et mer, jusqu'à 20h mar, jeu et ven, 11h-16h sam ; M Syntagma)

Kombologadiko
KOMBOLOÏ

32 PLAN P. 104, A4

Cette boutique dispose d'une vaste gamme de *komboloï*, l'accessoire grec par excellence, dont certains en pierres semi-précieuses et en ambre. Puisez dans le vaste choix de perles pour composer votre propre modèle. (212 700 0500 ; Amerikis 9, Kolonaki ; 10h-16h lun, mer et sam, jusqu'à 21h mar, jeu et ven ; M Syntagma)

Explorer

Mets et Pangrati

À l'est de l'Acropole, le parc du Zappéion et les ruines du temple de Zeus olympien voisinent avec le grandiose stade des Panathénées. Sur la colline surplombant le stade s'étirent les quartiers résidentiels de Mets et de Pangrati, étendues de jolies maisons néoclassiques et d'avant-guerre parsemées de sympathiques petits restaurants.

Malgré leur taille imposante, le temple de Zeus olympien (p. 116) et le stade des Panathénées (p. 120) peuvent se visiter en seulement 30 à 45 minutes chacun. Vous pourrez ensuite monter vous détendre sur la Plateia Varnava, avant de rejoindre le premier cimetière d'Athènes (p. 121), où d'éminentes personnalités du XIXe siècle reposent dans des sépultures opulentes. Pangrati abrite deux adresses de choix pour dîner : le chic Spondi (en photo ; p. 122) et le populaire Mavro Provato (p. 121). Enfin, concluez la soirée par un concert au Half Note Jazz Club (p. 124) ou un film sous les étoiles au cinéma Aegli (p. 125).

Comment s'y rendre et circuler

M Akropoli (ligne rouge) ou Syntagma (lignes bleue et rouge) desservent le temple de Zeus olympien. Akropoli est plus proche de Mets.

Les trolleybus nos 2, 4 et 11 s'arrêtent près du stade et poursuivent en amont jusqu'à la Plateia Plastira.

Pour rallier Mets en tramway, descendez à Zappeio.

Plan de Mets et Pangrati p. 118

Les incontournables

Temple de Zeus olympien

Impossible de rater cette merveille dressée en plein centre d'Athènes. Plus grand sanctuaire de Grèce, le temple de Zeus olympien (ou Olympéion) fut sans doute également celui dont la construction dura le plus longtemps : commencés au VIe siècle av. J.-C., les travaux ne furent complètement achevés qu'au IIe siècle de notre ère.

PLAN P. 118, A3

Olympieio

odysseus.culture.gr

Leoforos Vasilissis Olgas

tarif plein/étudiant/enfant 6 €/3 €/gratuit

8h-15h oct-avr, 8h-20h mai-sept

M Akropoli, Syntagma

Temple

Entamée sous Pisistrate, la construction de ce monument colossal s'étala sur 700 ans. Quand Hadrien l'acheva en 131, il fit placer à l'intérieur une énorme statue de Zeus en or et en ivoire, au côté d'une autre à sa propre effigie, tout aussi gigantesque. Le temple fut détruit lors du sac d'Athènes par les Hérules en 267.

Colonnes

Soutenu par 104 colonnes corinthiennes au temps de sa grandeur, le temple n'en compte plus que 15 aujourd'hui. Hautes de 17 m et mesurant 1,70 m de diamètre à la base, celles qui subsistent n'ont rien perdu de leur superbe. La colonne à terre fut renversée par un coup de vent en 1852.

Temple d'origine

L'édifice du temps d'Hadrien fut bâti par-dessus un autre temple (590-560 av. J.-C.), également consacré à Zeus olympien. En regardant attentivement, vous en verrez les fondations.

Porte d'Hadrien

Juste à l'extérieur du site, au croisement des rues Leoforos et Vasilissis Amalias, on peut contempler ce majestueux monument en marbre pentélique, édifié en l'honneur d'Hadrien en 132, probablement pour commémorer la consécration du temple. Les inscriptions montrent que la porte servait aussi de séparation entre les parties grecque et romaine de la ville. Au nord-ouest, on lit sur la frise : "Voici Athènes, ancienne cité de Thésée" ; et au sud-est : "Voici la cité d'Hadrien, et non de Thésée".

Sanctuaire de Pan

Au sud de l'enceinte du temple, près de l'église au croisement d'Ardittou et Athanasiou Diakou, un sanctuaire rupestre du dieu Pan datant de l'époque romaine jouxte le lit de la rivière Ilissos (recouverte partout ailleurs sous les pavés).

★ À savoir

- L'entrée est comprise dans le billet combiné pour l'Acropole (30 €).
- Il n'y a pas d'ombre : prévoyez un chapeau, de la crème solaire et de l'eau.
- Si le temps presse, vous pourrez apprécier la majeure partie du temple (et la porte d'Hadrien) de l'extérieur des grilles, ou depuis le bar sur le toit de l'hôtel **Athens Gate** (☎ 210 923 8302 ; www.athensgate.gr ; Leoforos Syngrou Andrea 10, Makrygianni ; ❄ @ ; M Akropoli).

✕ Une petite pause ?

Pour vous reposer à l'ombre et manger un morceau, direction l'Aegli Cafe (p. 124) dans le parc du Zappéion. Sinon, rejoignez le quartier de Mets pour prendre un verre au calme à l'Odeon Cafe (p. 124), accompagné d'un feuilleté aux épinards de la boulangerie d'en face.

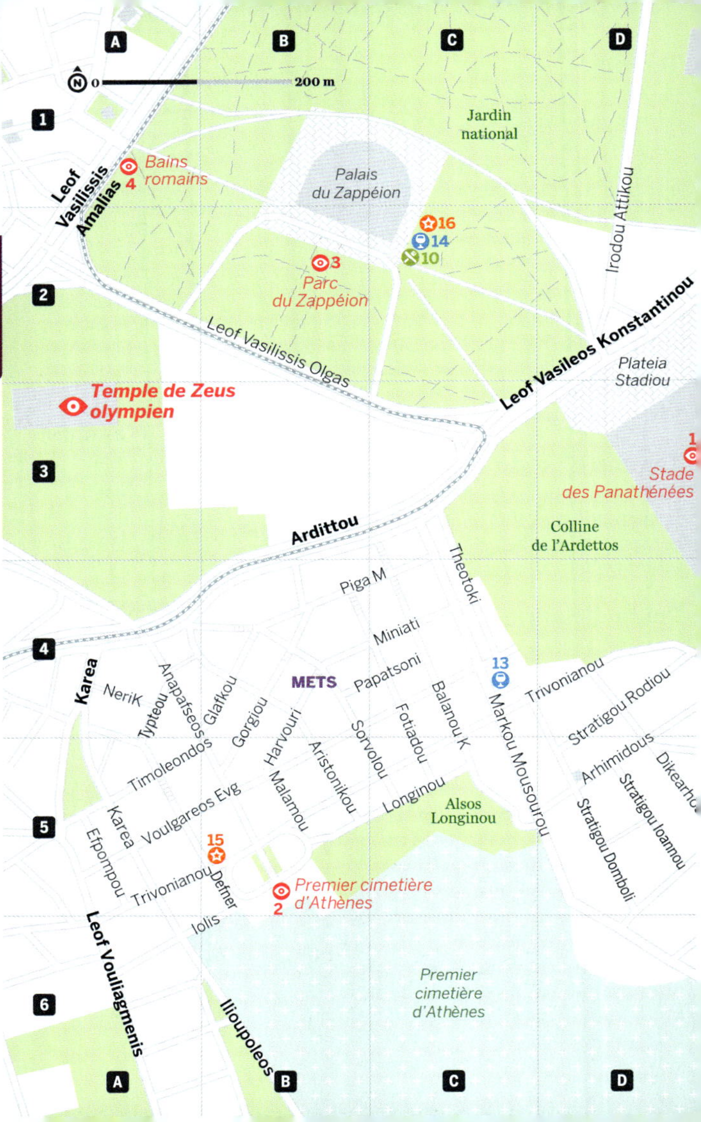
A
B
C
D
1
2
3
4
5
6
0
200 m
Jardin national
Palais du Zappéion
Bains romains
4
16
14
10
3
Parc du Zappéion
Leof Vasilissis Amalias
Irodou Attikou
Leof Vasileos Konstantinou
Leof Vasilissis Olgas
Plateia Stadiou
Temple de Zeus olympien
1
Stade des Panathénées
Colline de l'Ardettos
Ardittou
Theotoki
Piga M
Miniati
METS
Papatsoni
13
Trivonianou
Stratigou Rodiou
Karea
NeriK
Typteou
Anapafseos
Glafkou
Gorgiou
Harvouri
Aristonikou
Sorvolou
Fotiadou
Balanou K
Markou Mousourou
Arhimidous
Dikearho
Timoleondos
Malamou
Longinou
Alsos Longinou
Voulgareos Evg
Stratigou Ioannou
Stratigou Domboli
Karea
Efpompou
15
Trivonianou
Defner
Premier cimetière d'Athènes
2
Iolis
Leof Vouliagmenis
Ilioupoleos
Premier cimetière d'Athènes

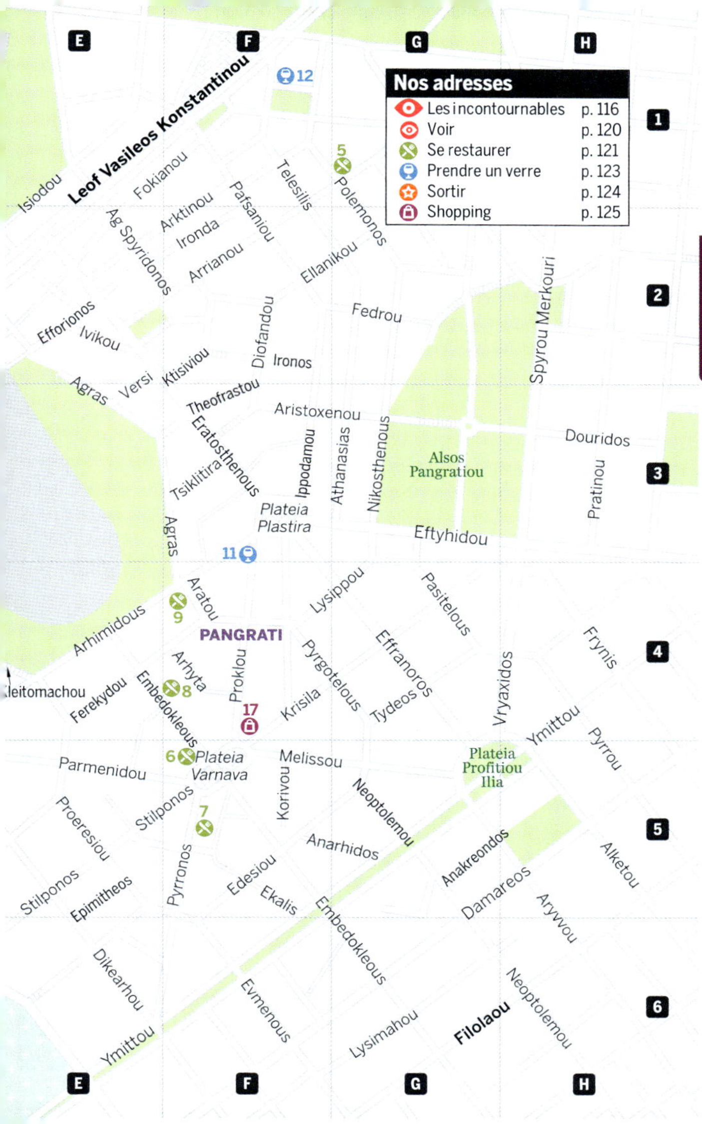
Nos adresses
Les incontournables p. 116
Voir p. 120
Se restaurer p. 121
Prendre un verre p. 123
Sortir p. 124
Shopping p. 125
E
F
G
H
1
2
3
4
5
6
Leof Vasileos Konstantinou
Isiodou
Fokianou
Ag Spyridonos
Arktinou
Ironda
Pafsaniou
Arrianou
Telesilis
Polemonos
Ellanikou
Efforionos
Ivikou
Diofandou
Fedrou
Spyrou Merkouri
Ironos
Agras
Versi
Ktisiviou
Theofrastou
Aristoxenou
Eratosthenous
Ippodamou
Athanasias
Nikosthenous
Douridos
Alsos Pangratiou
Pratinou
Tsiklitira
Plateia Plastira
Agras
Eftyhidou
Aratou
Lysippou
Pasitelous
Arhimidous
PANGRATI
Pyrgotelous
Effranoros
Frynis
Arhyta
Proklou
Vryaxidos
leitomachou
Ferekydou
Embedokleous
Krisila
Tydeos
Ymittou
Pyrrou
Plateia Varnava
Melissou
Plateia Profitiou Ilia
Parmenidou
Korivou
Neoptolemou
Stilponos
Proeresiou
Anarhidos
Anakreondos
Alketou
Pyrronos
Edesiou
Damareos
Stilponos
Epimitheos
Ekalis
Embedokleous
Aryvvou
Dikearhou
Evmenous
Neoptolemou
Filolaou
Lysimahou
Ymittou
12
11
5
9
8
17
6
7

Voir

Stade des Panathénées

SITE ANTIQUE

1 PLAN P. 118, D3

Ce stade grandiose (photo ci-dessous) de 70 000 places fut érigé au IVe siècle av. J.-C. pour accueillir les compétitions athlétiques des Panathénées. Un millier d'animaux sauvages y auraient été sacrifiés en l'honneur de l'empereur Hadrien, lors de l'une de ses visites à Athènes. En 144, le richissime rhéteur Hérode Atticus fit reconstruire les gradins en marbre pentélique. En 1895, l'édifice fut restauré à l'identique par l'homme d'affaires et philanthrope grec Georges Averoff, afin qu'y soient organisés l'année suivante les premiers Jeux olympiques modernes. Aujourd'hui, les dimensions du terrain central et de la piste de course ne correspondent plus aux normes internationales ; seules l'épreuve de tir à l'arc et l'arrivée du marathon se sont déroulées ici lors des Jeux de 2004. En revanche, le stade sert parfois de cadre à des concerts et autres événements publics. Le billet comprend un audioguide, l'accès à une petite exposition et la possibilité de se faire immortaliser le temps d'une photo sur le podium des champions. (Kallimarmaro ; 210 752 2984 ; www.panathenaicstadium.gr ; Leoforos Vasileos Konstantinou, Pangrati ; tarif plein/étudiant/enfant 5 €/2,50 €/gratuit ; 8h-19h mars-

Le stade des Panathénées

oct, jusqu'à 17h nov-fév ; 2, 4, 10, 11 vers Stadio, M Akropoli, Zappeio)

Premier cimetière d'Athènes

CIMETIÈRE

2 PLAN P. 118, B5

Après l'indépendance de la Grèce (1821), l'ensevelissement des morts fut interdit autour des églises paroissiales et confié aux municipalités. Construit en 1837, le premier cimetière d'Athènes recèle des tombes à l'architecture opulente, certaines rehaussées de sculptures d'artistes éminents, comme la *Vierge endormie* de Yannoulis Chalepas. Parmi les célébrités enterrées ici figurent la famille Benaki et l'archéologue Heinrich Schliemann (1822-1890), dont le mausolée est orné de scènes de la guerre de Troie. (Longinou, Mets ; entrée libre ; 8h-17h hiver, 7h-20h été ; M Sygrou-Fix)

Parc du Zappéion

JARDINS

3 PLAN P. 118, B2

Situé entre le Jardin national (p. 82) et le stade des Panathénées, ce parc forme un réseau de larges allées arborées autour du majestueux **Palais du Zappéion**. Érigé dans les années 1870, cet édifice accueille des conférences et des expositions. Un agréable café, un restaurant et le cinéma en plein air Aegli (p. 125) sont à quelques pas. Les entrées principales se situent dans Leoforos Vasilissis Amalias et Leoforos Vasilissis Olgas. (entrée libre ; M Syntagma)

Forme olympique

Tous les matins de 7h30 à 9h, les sportifs amateurs peuvent aller faire des tours de piste ou escalader les marches en courant dans le **stade des Panathénées**. Il suffit pour cela de signer un formulaire téléchargeable et de se présenter sur place.

Bains romains

RUINES

4 PLAN P. 118, A1

Des travaux de ventilation du métro ont mis au jour de vastes thermes romains bien préservés, bâtis au IIIe siècle là où coulait autrefois la rivière Ilissos. Une portion du site est observable à la lisière du parc du Zappéion. (Leoforos Vasilissis Amalias ; entrée libre ; M Syntagma)

Se restaurer

Mavro Provato

MEZZE €

5 PLAN P. 118, G1

Réservez à l'avance pour avoir la chance de vous régaler dans ce *mezedhopoleio* (restaurant de mezze) très couru de Pangrati, aux tables bordant le trottoir. Du vin régional accompagne les délicieux mezze. (210 722 3466 ; www.tomauroprovato.gr ; Arrianou 31, Pangrati ; plats 5-12 € ; midi-minuit lun-sam ; M Evangelismos)

Pisistrate, tyran d'Athènes

Lorsque Solon, considéré comme le père de la démocratie athénienne, devient archonte (magistrat suprême) en 594 av. J.-C., Athènes est dirigée par une oligarchie d'aristocrates terriens opprimant le peuple. Afin d'alléger la crise sociale, il met en place une série de réformes permettant la réduction des dettes et l'instauration de l'Héliée (tribunal populaire). Mais, en 560 av. J.-C., Pisistrate prend prétexte des troubles incessants suscités par ces mesures pour s'emparer du pouvoir. Premier tyran de la cité, il s'emploie à résoudre les problèmes agraires et à améliorer le sort de la paysannerie. Sur le plan culturel, il entreprend la construction de grands édifices sur l'Acropole, dont l'Olympéion, et inaugure les Grandes Dyonisies, festivités donnant lieu à des concours de tragédie et de comédie. À l'extérieur Pisistrate étend l'influence athénienne en mer Égée à travers une politique de conquête et de colonisation. À sa mort en 527 av. J.-C., son fils Hippias lui succède, avant d'être renversé en 510 av. J.-C par un coup d'État militaire conduit avec l'aide de Sparte.

Kallimarmaro

BOULANGERIE **€**

6 PLAN P. 118, F5

Une boulangerie de quartier prisée des habitants au petit-déjeuner pour ses excellents feuilletés à la crème, aux épinards (*spanakopita*) et tant de ses autres délices. (210 701 9062 ; Plateia Varnava 22, Pangrati ; pita 2 € ; 8h-20h lun-sam ; 209 vers Plateia Varnava)

Spondi

MÉDITERRANÉEN **€€€**

7 PLAN P. 118, F5

Deux étoiles au Michelin pour ce restaurant de renom, maintes fois élu meilleure table d'Athènes. Des plats méditerranéens de haut vol, aux fortes influences françaises, sont servis dans le cadre charmant et détendu d'une vieille maison couverte de bougainvilliers. Réservez. (210 756 4021 ; www.spondi.gr ; Pyrronos 5, Pangrati ; plats 47-60 €, menus à partir de 73 € ; 20h-tard ; 209 vers Plateia Varnava, 2, 4 ou 11 vers Plateia Plastira)

Colibri

PIZZAS **€**

8 PLAN P. 118, F4

Les meilleures pizzas d'Athènes – au dire des habitants – vous attendent dans une rue calme et arborée, remplie de cafes agréables. Des grands classiques aux créations plus originales (essayez la pizza végétarienne au yaourt), le menu compte aussi de savoureux burgers et salades. Les airs de reggae en léger fond sonore complètent le tableau. (☎ 210 701 1011 ; Embedokleous 9-13, Pangrati ; petites pizzas 6-12 €, plats 5-9 € ; 13h-0h30 ; 2, 4, 11 vers Plateia Plastira)

Vyrinis

TAVERNA €

9 PLAN P. 118, F4

Juste derrière le stade des Panathénées, cette taverna de quartier modernisée a conservé son caractère, avec des plats familiaux authentiques et une cuvée du patron correcte à prix raisonnables. Par beau temps, des tables sont dressées dans la ravissante cour-jardin. (☎ 210 701 2153 ; Arhimidous 11, Pangrati ; plats 6-8 € ; 19h-23h lun-mer, 13h-23h jeu-dim ; 2, 4, 11 vers Plateia Plastira)

Aegli Restaurant

MEZZE €A

10 PLAN P. 118, C2

En plein cœur du parc du Zappéion (p. 121), cette adresse ne prépare pas la cuisine la plus inspirée qui soit, mais a l'avantage de se trouver juste à côté du cinéma en plein air. Carte de mezze traditionnels et terrasse en été. (☎ 210 336 9364 ; www.aeglizappiou.gr ; parc du Zappéion ; mezze 5-9 € ; 13h-1h ; M Syntagma, Akropoli)

Prendre un verre

Chelsea Hotel

BAR

11 PLAN P. 118, F3

Ce café-bar très fréquenté de la Plateia Plastira incarne bien l'esprit cool de Pangrati. À la tombée de la nuit,

Le premier cimetière d'Athènes (p. 121)

JANA JANINA/GETTY IMAGES ©

les bouquineurs et autres caféinomanes cèdent la place à une jeunesse athénienne bohème et artiste. (210 756 3374 ; Arhimidous 1, angle Proklou, Pangrati ; 8h-tard ; ; 2, 4, 11 vers Plateia Plastira)

Epireia

CAFÉ

12 PLAN P. 118, F1

Au bord d'une jolie place verte, ce café clair, spacieux et coloré reflète l'atmosphère sans prétention du quartier. Certes un peu loin à pied des transports publics, l'endroit fait néanmoins un bon point de chute après une balade dans le coin. Au menu : plats roboratifs (pizza, burgers...) et bières artisanales. (210 725 4594 ; Ktisiou 2, Pangrati ; 11h-1h lun-jeu, jusqu'à 3h ven, 10h30-3h sam, jusqu'à 1h dim ; 2, 4, 11 vers Stadio, M Evangelismos)

Tranche de vie

La Plateia Varnava, à Pangrati, est l'endroit idéal pour découvrir la vie d'un quartier athénien, avec ses tavernas où l'on dîne en famille et ses places servant de terrain de jeu aux enfants. Achetez un en-cas et une boisson au *periptero* (kiosque), puis asseyez-vous pour observer. Au nord, plusieurs cafés sympathiques bordent Embedokleous.

Odeon Cafe

CAFÉ

13 PLAN P. 118, C4

Une adresse de quartier simple et charmante où l'on se retrouve entre amis pour bavarder, manger un en-cas ou boire un verre sous le lierre de la terrasse. Personnel sympathique et concerts à l'occasion en soirée. (210 922 3414 ; Markou Mousourou 19, Mets ; 8h30-2h dim-jeu, 8h30-3h ven-sam ; M Akropoli)

Aegli Cafe

BAR

14 PLAN P. 118, C2

Dans le parc du Zappéion (p. 121), à l'ombre des arbres, ce lieu frais et raffiné change régulièrement de décor. Café discret en journée, il attire le soir une clientèle chic sur fond de musique mainstream. La cuisine n'est pas forcément son point fort. (210 336 9340 ; parc du Zappéion ; 9h-minuit ; M Syntagma)

Sortir

Half Note Jazz Club

JAZZ

15 PLAN P. 118, B5

Un club stylé et la première salle de jazz de la ville, hantée par de nombreux musiciens grecs ainsi que de quelques pointures internationales. Horaires variables et relâche en été : consultez le site. (210 921 3310 ; www.halfnote.gr ; Trivonianou 17, Mets ; M Akropoli)

L'histoire olympique

La tradition olympique émergea à Olympie (Péloponnèse) autour du XIe siècle av. J.-C., en hommage à Zeus, sous forme de courses à pied auxquelles participaient uniquement prêtres, prêtresses et autres notables. Au VIIIe siècle av. J.-C., la compétition rassemblait une confédération de cités-États et devint un événement majeur, réservé aux hommes, organisé sur 5 jours tous les 4 ans. Durant cette période, une trêve officielle était respectée entre les cités participantes.

La foule des spectateurs s'installait le long des pistes où se déroulaient des concours d'athlétisme, des courses de chars et des combats de pancrace et de pugilat. Contrairement aux champions des Panathénées d'Athènes, qui se voyaient offrir de l'argent et de l'huile d'olive, les vainqueurs ne recevaient ici qu'une simple couronne de rameaux d'olivier (les fameux lauriers étaient alors la récompense des Jeux pythiques de Delphes). Importaient avant tout la reconnaissance du peuple et l'admiration dont les athlètes faisaient l'objet. L'interdiction du culte païen par l'empereur Théodose Ier en 393 mit fin aux Jeux olympiques, qui ne renaîtront sous leur forme moderne qu'en 1896.

Cinéma Aegli

CINÉMA

16 PLAN P. 118, C2

L'un des plus vieux cinémas en plein air d'Athènes (1903), l'Aegli a jeté son dévolu sur la verdure du parc du Zappéion (p. 121) – d'où son atmosphère un peu plus calme que les autres. (210 336 9369 ; www.aeglizappiou.gr ; Zappeio Gardens ; adulte/enfant 8,50/6,50 € ; séances à 21h et 23h mai-oct ; M Syntagma)

Shopping

Bakaliko

ALIMENTATION ET BOISSONS

17 PLAN P. 118, F4

Une mine de produits grecs alliant fraîcheur et variété : huile d'olive, vin, fromage, yaourt, miel, fruits et légumes secs en vrac, bouquets d'herbes... (210 756 0055 ; Proklou 31, Pangrati ; 9h-15h lun, mar et sam, jusqu'à 18h mer, jeu et ven ; 2, 4, 11 vers Plateia Plastira)

Explorer

Omonia et Exarhia

Centre administratif et important carrefour des transports athéniens, Omonia a beau ne pas être un secteur touristique, vous serez forcément amené à le traverser durant votre séjour. Près du musée national d'Archéologie, le quartier bohème d'Exarhia se distingue par sa culture alternative. Partiellement embourgeoisé, il n'en conserve pas moins un caractère jeune et non conformiste, de par sa population d'étudiants et d'artistes. Le street art omniprésent et l'intervention occasionnelle des unités antiémeutes soulignent son caractère rebelle.

Vous pourrez aisément consacrer une demi-journée à la visite du musée national d'Archéologie (p. 128). S'il vous reste assez d'énergie, jetez un œil au Musée épigraphique (p. 137) voisin. Déjeunez ensuite dans l'ambiance estudiantine de Kimatothrafstis (p. 139) à Exarhia ou au grand café Veneti (p. 141) sur la Plateia Omonias.

Sillonnez les ruelles d'Exarhia à la recherche des peintures murales, des boutiques de collectionneurs et des nouveaux créateurs comme Zacharias. Enfin, terminez par une tournée des bars en musique au Feidiou 2 Music Cafe (p. 143) et au AN Club (p. 144).

Comment s'y rendre et circuler

M Omonia (lignes rouge et verte) se trouve à l'ouest d'Exarhia.

M Panepistimio (ligne rouge) dessert le sud d'Exarhia.

Les trolleybus n^os^2, 4, 5, 9 et 11 longeant Panepistimiou desservent l'arrêt Polytechnio, devant le musée national d'Archéologie.

Plan d'Omonia et Exarhia p. 136

Théâtre national (p. 143) SERGE MOURARET/ALAMY ©

Les incontournables

Musée national d'Archéologie

Dans un énorme bâtiment néoclassique du XIXe siècle, le musée national d'Archéologie abrite l'une des plus belles collections d'antiquités grecques au monde, riche de plus de 10 000 pièces (sculptures, céramiques, bijoux, fresques...). Mieux vaut prévoir plusieurs visites pour apprécier tous ces trésors à leur juste valeur.

PLAN P. 136, D1

www.namuseum.gr
Patision 44, Exarhia
adulte/enfant 10 €/gratuit
13h-20h lun, 8h-20h mar-dim, horaires réduits en hiver

2, 3, 4, 5 ou 11 jusqu'à Polytechnio, M Viktoria

Antiquités mycéniennes

GALERIE N°4

Tout droit après l'entrée, la collection préhistorique comprend certaines des pièces les plus importantes de l'art néolithique, mycénien et cycladique, pour beaucoup en or massif. La fabuleuse collection d'antiquités mycéniennes est le fleuron du musée.

Masque d'Agamemnon

Ce célèbre masque funéraire, dit d'Agamemnon, le roi légendaire qui aurait participé au siège de Troie au XIIe siècle av. J.-C., fut découvert à Mycènes en 1876 par Heinrich Schliemann alors qu'il cherchait à prouver la véracité historique du récit d'Homère. D'après les études archéologiques récentes, l'objet serait en réalité plus ancien (1550-1500 av. J.-C.). Certains avancent toutefois la thèse d'un faux fabriqué de toutes pièces par Schliemann lui-même.

Gobelets de Vaphio

Les gobelets de Vaphio en or repoussé, décorés de scènes de capture de taureaux sauvages, sont parmi les plus beaux exemples d'art mycénien mis au jour. Ils ont été trouvés dans une tombe à *tholos* (sépulture à coupole) de Vaphio, près de Sparte.

Collection cycladique

GALERIE N°6

Cette salle contient de beaux exemples des célèbres figurines cycladiques (vers 2800-2300 av. J.-C.), dont les contours épurés inspirèrent Picasso et Modigliani. Le modèle le plus impressionnants mesure 1,52 m de long.

Kouros de Sounion

GALERIE N°8

Les salles à gauche de l'entrée réunissent les plus anciennes sculptures de la collection. Les salles nos 7 à 13 comprennent de beaux

★ À savoir

- Un billet combiné (tarif plein/étudiant 15/8 €) valable 3 jours donne accès au musée national d'Archéologie, au Musée épigraphique voisin, au Musée byzantin et chrétien et au Musée numismatique.
- Arrivez tôt et visitez l'étage en premier pour échapper au flot des visiteurs.
- Prévoyez plusieurs heures de visite, surtout si le sujet vous passionne.
- Les collections sont présentées thématiquement. Pour plus de détails, prenez un audioguide.

✕ Une petite pause ?

Le **café du musée**, au sous-sol, déploie ses tables dans une cour intérieure.

Pour manger, rendez-vous à Exarhia, par exemple au Yiantes (p. 139) – cuisine grecque moderne, arrosée de bon vin.

kouroi (statues masculines) archaïques, datant du VIIe siècle à 480 av. J.-C., en particulier le colossal Kouros de Sounion (600 av. J.-C.). Jadis dressée devant le temple de Poséidon au cap Sounion, cette statue en marbre de Naxos marque la transition entre le style rigide inspiré des Égyptiens et les traits plus vivants (dont le fameux "sourire archaïque") que les Grecs perfectionneront par la suite.

Dieu de l'Artémision

GALERIE N°15

Au milieu de cette salle se dresse une statue en bronze de 460 av. J.-C. à l'effigie d'un dieu non identifié (Zeus ou Poséidon), découverte en 1928 dans une épave au large du cap d'Artémision, en Eubée. Mesurant 2 m de haut, l'auguste personnage aux muscles saillants et au visage barbu a les bras tendus en position de lancer. Sa main droite tenait à l'origine soit la foudre, attribut de Zeus, soit le trident emblématique de Poséidon.

Athéna du Varvakeion

GALERIE N°20

On peut admirer ici la copie la plus célèbre (très réduite) de la statue d'Athéna Polias de 11,5 m de haut réalisée par Phidias pour le Parthénon au Ve siècle av. J.-C. Datant de la première moitié du IIIe siècle av. J.-C., celle-ci porte un casque surmonté d'un sphinx et de griffons, un bouclier orné d'une tête de Gorgone et tient dans sa main une petite figure ailée de Niké, dont la tête manque.

Statue d'Aphrodite, Éros et Pan

Musée national d'Archéologie

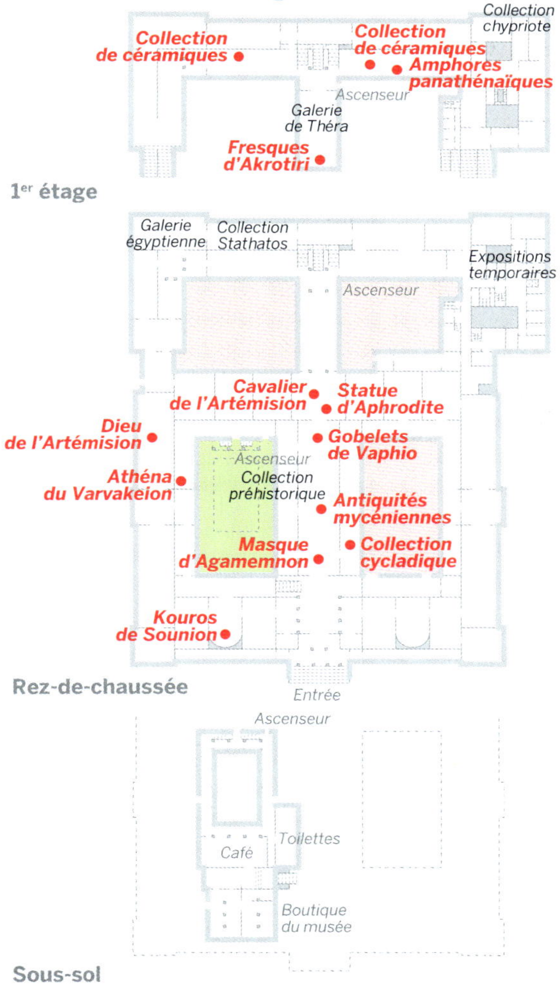

PAUL PANAYIOTOU/GETTY IMAGES ©

Cavalier de l'Artémision

Cavalier de l'Artémision

GALERIE N°21

Mise au jour en 1928 dans la même épave que le dieu de l'Artémision, cette étonnante statue en bronze d'un cheval et d'un jeune cavalier (IIe siècle av. J.-C.) n'a été réassemblée qu'en 1972. Face à elle se dressent d'autres œuvres moins connues, mais tout aussi belles, dont une d'Aphrodite tentant de cacher sa nudité avec son drapé.

Épave d'Anticythère

GALERIE N°28

Cette salle réunit les trésors découverts en 1900 par des pêcheurs d'éponges dans une galère romaine au large de l'île d'Anticythère. Parmi eux figurent le magnifique **Éphèbe d'Anticythère** en bronze du IVe siècle av. J.-C. et la mystérieuse **Machine d'Anticythère**, un ingénieux mécanisme à engrenages permettant de calculer des positions astronomiques, dont la datation et le nom du concepteur sont encore inconnus.

Galeries égyptiennes

GALERIES NOS 40 ET 41

Le meilleur de la collection égyptienne du musée est contenu dans ces deux salles. Datant de 5 000 av. J.-C. à la conquête romaine, la collection comprend notamment des momies, des figurines en bronze, ainsi que certains des saisissants portraits funéraires du Fayoum.

Fresques d'Akrotiri

GALERIE N°48

À l'étage, les spectaculaires fresques minoennes de Santorin (Théra) furent découvertes sur le site préhistorique d'Akrotiri, enseveli à la fin du XVIe siècle av. J.-C. par une éruption volcanique. La fresque des *Boxeurs* est remarquable, ainsi que celle du *Printemps*, avec ses lys rouges et son couple d'hirondelles. Les films des fouilles ainsi que de l'éruption volcanique de 1926 aident à contextualiser l'ensemble.

Collection de céramiques

GALERIE N°55

Cette superbe collection retrace le développement de la poterie grecque, de l'âge du bronze aux périodes protogéométriques et géométriques. Sur les vases attiques, vous pourrez observer l'évolution de la technique, des figures noires (VIe siècle av. J.-C.) aux figures rouges (fin V[e]-début IVe siècle av. J.-C.). Les lécythes, vases effilés à fond blanc ornés de scènes funéraires, sont caractéristiques de l'ancien savoir-faire athénien.

Le bâtiment du musée national d'Archéologie

- Construit entre 1866 et 1889, l'édifice présente une façade conçue par Ernst Ziller, l'architecte prolifique qui contribua à remodeler Athènes dans le style néoclassique à la fin du XIXe siècle. La ville lui doit entre autres le Théâtre national (p. 143) ainsi que l'hôtel particulier de Heinrich Schliemann (actuel Musée numismatique ; p. 106).
- L'aile est a été agrandie au XXe siècle.
- En tout, le musée occupe une surface de 8000 m².

Amphores panathénaïques

GALERIE N°56

Dans cette salle sont exposés certains des vases offerts aux vainqueurs des Panathénées. Chaque champion recevait jusqu'à 140 vases de ce type, remplis d'huile provenant des oliviers sacrés d'Athènes. Les amphores sont ornées de scènes de lutte et de la déesse Athéna en armes.

Promenade à pied

Vie de quartier à Exarhia

Connu pour son esprit altermondialiste et ses squats, Exarhia regorge de disquaires, de librairies, de maisons d'édition et de boutiques de vêtements alternatives. Le soir, une atmosphère estudiantine décontractée règne dans les bars, animés ici et là par des groupes de musique.

La promenade

Départ Plateia Exarhion

Arrivée Emmanuel Benaki et Valtetsiou

Distance 1,5 km

Durée une heure

❶ Plateia Exarhion

Théâtre fréquent de manifestations politiques en tous genres, cette place triangulaire est au cœur de la vie du quartier. Les cafés de Themistokleous, ainsi que l'**Ivi** (p. 141), plus haut dans Stournari, font de bons postes d'observation.

❷ Street art

Les murs, les allées et les escaliers d'Exarhia sont couverts de belles œuvres de street art, au sujet souvent engagé. Au croisement de Mesolongiou et Tzavella, une plaque rend hommage au jeune **Alexis Grigoropoulos**, tué par un policier en 2008 et dont la mort déclencha une grande vague d'émeutes en Grèce.

❸ Square de quartier

Sur l'emplacement d'un ancien parking occupant tout un pâté de maisons, les habitants d'Exarhia ont créé le **parc autogéré de Navarino** (angle Navarinou et Zoodohou Pigis ; entrée libre ; M Omonia), un espace vert en constante évolution, planté d'arbres fruitiers et doté d'une aire de jeux.

❹ Taverna à l'ancienne

Déjeunez à **Barbagiannis** (p. 140), un mayirio (restaurant de cuisine familiale) très apprécié dans le quartier. Vous choisirez parmi les plats traditionnels présentés derrière le comptoir, comme le *pastitsio* (gratin de pâtes et de viande), à accompagner de la cuvée du patron.

❺ Disquaires

Il existe à Exarhia de nombreux magasins spécialisés très pointus, notamment des disquaires regorgeant de vinyles vintage. **Plan 59** (p. 144), par exemple, est spécialement bien fourni en musique psychédélique grecque.

❻ Commerce alternatif

Fidèle à l'esprit du quartier, la boutique d'occasion **Skoros** (☎ 6985868544 ; Eresou 33 ; ⏲ 18h-20h30 lun-ven, et 11h30-14h lun et mer, 12h30-17h sam ; M Omonia) fonctionne selon le principe suivant : les visiteurs prennent ce qu'ils veulent et paient ce qu'ils peuvent.

❼ Rendez-vous sur la colline

C'est sur la colline de Strefi, accessible par l'escalier couvert de graffitis situé dans la partie nord-est du quartier, que les habitants se réunissent au coucher du soleil. Joignez-vous à eux autour d'une bière au bar **Exostrefis** (p. 142).

❽ Dîner crétois

Tout le quartier raffole de la formidable cuisine crétoise aux herbes aromatiques montagnardes servie à **Rakoumel** (☎ 210 380 0506 ; www.facebook.com/rakumel/ ; Emmanuel Benaki 71 ; plats 5-9 € ; ⏲ 13h-14h30 lun-sam ; 📶 ; M Omonia) et à **Oxo Nou** (☎ 210 380 1778 ; www.facebook.com/oxonouathens ; Emmanuel Benaki 63-65 ; plats 8-11 € ; ⏲ 13h-1h30 ; 📶 ; M Omonia).

A
B
C
D
E
F
1
2
3
4
0
200 m
Musée national d'Archéologie
Musée épigraphique
1
Université polytechnique d'Athènes
Colline de Strefi
Marché d'Exarhia
EXARHIA
OMONIA
Plateia Vathis
Plateia Exarhion
Plateia Kaningos
Plateia Omonias
Omonia
Plateia Kotzia
Église Agiou Konstantinou
Bibliothèque nationale
2
Université d'Athènes
3
Liossion
Aharnon
Aristotelous
Marni
Mezonos
Kapodistriou
Halkokondyli
Veranzerou
Satovrianidou
Menandrou
3is Septemvriou
Agiou Konstantinou
Solomou
28 Oktovriou-Patision
Stournari
Tositsa
Bouboulinas
Navarhou Apostoli
Spyridonas Trikoupi
Tsamadou
Ikonomou
Kalidromiou
Anehartisias
Emmanuel Benaki
Tsimiski
Isavron
Smolensky
Petsovou
Methonis
Eresou
Dervenion
Zoodohou Pigis
Harilaou Trikoupi
Ippokratous
Patriarhou Sergiou
Mavromihali
Arahovis
Valtetsiou
Asklipiou
Agias Isidorou
Merlie Octaviou
Dimaki P
Didotou
Skoufa
Solonos
Navarinou
Akadimias
Themistokleous
Zaimi
Botasi
George
Kaningos
Patousa
Koletti
Kavouras
Tzavella
Mesolongiou
Gravias
Lontou
Zalongou
Kiafas
Nikitara
Gamveta
Panepistimiou (El Venizelou)
Stadiou
Eolou
Nos adresses
Les incontournables p. 128
Voir p. 137
Se restaurer p. 139
Prendre un verre p. 141
Sortir p. 143
Shopping p. 144

Voir

Musée épigraphique

MUSÉE

1 PLAN P. 136, D1

Du côté sud du musée national d'Archéologie, cette "bibliothèque de pierres" renferme une collection importante d'archives officielles. Si les salles principales peuvent se révéler ennuyeuses pour le profane, deux nouvelles sections font la lumière sur le système d'écriture grec par le biais de pièces plus évocatrices, comme une copie du décret ordonnant l'évacuation de la cité avant l'invasion perse de 480 av. J.-C. (210 821 7637 ; www.odysseus.culture.gr ; Tositsa 1, Exarhia ; 4 € ; 8h-15h mar-dim ; 2, 3, 4, 5, ou 11 vers Polytechneio, M Viktoria)

Bibliothèque nationale

MONUMENT HISTORIQUE

2 PLAN P. 136, D4

La Bibliothèque nationale (1888) fait partie de la trilogie néoclassique de la rue Panepistimiou, conçue par l'architecte danois Theophil Hansen. Elle est hélas fermée au public depuis que ses 700 000 volumes, dont un codex de l'Évangile de Matthieu et un vaste fonds théâtral, ont été transférés au centre culturel de la Fondation Stavros Niarchos (p. 171). Vous devrez vous contenter d'admirer son majestueux escalier monumental. (210 338 2541 ; www.nlg.gr ; Panepistimiou 32, Panepistimio ; fermé au public ; M Panepistimio)

Bibliothèque nationale

L'héritage politique d'Exarhia

La réputation anarchiste d'Exarhia remonte à la sombre époque de la junte militaire. Plus récemment, le quartier – et le pays tout entier – s'est à nouveau mobilisé contre le gouvernement, suite à la mort d'un jeune homme abattu par les forces de l'ordre.

Le soulèvement de l'université polytechnique

Le 21 avril 1967, des colonels de l'armée fomentèrent un coup d'État et installèrent l'un des leurs, Georgios Papadopoulos, au poste de Premier ministre. Le régime décréta la loi martiale, interdit les partis et les syndicats, et imposa la censure. Des milliers d'opposants furent emprisonnés, torturés ou exilés (comme ce fut le cas de l'actrice et militante Melina Mercouri). En 1972, Papadopoulos proclama la République et se nomma président.

Le 17 novembre 1973, alors que des étudiants occupaient l'université polytechnique pour appeler à la révolte, des chars prirent d'assaut le bâtiment. La répression fit entre 24 et 40 morts (et des centaines de blessés). Une grande tête de bronze a été élevée en leur mémoire derrière la grille d'entrée de l'établissement. Cet événement n'en sonna pas moins le glas de la junte, qui tomba en 1974 après l'invasion de Chypre par la Turquie.

La mort d'Alexis Grigoropoulos

Le 6 décembre 2008, Alexis Grigoropoulos, un adolescent de 15 ans originaire d'un quartier cossu d'Athènes, fut tué à Exarhia par la police, qui justifia son geste en l'accusant d'être un fauteur de troubles anarchiste.

Dans le contexte déjà délétère de la crise économique et des mesures très impopulaires prises par le gouvernement conservateur (réduction drastique des retraites, nationalisations...), des émeutes éclatèrent instantanément dans le quartier. La contestation se répandit ensuite à travers le pays et se prolongea jusqu'à la fin du mois, sans que la moindre concession soit néanmoins accordée.

Exarhia commémore chaque année le soulèvement de l'université polytechnique (le 17 novembre est devenu fête nationale) et le meurtre de Grigoropoulos donne lieu à des manifestations agitées au cours du mois de décembre. Mieux vaut alors ne pas traîner dans le quartiers ; les gaz lacrymogènes fusent allègrement ces jours-là.

Université d'Athènes UNIVERSITÉ

3 PLAN P. 136, D4

Autre œuvre de Theophil Hansen (en collaboration avec son frère Christian), le splendide bâtiment d'origine de l'université d'Athènes (1864) – où sont inscrits quelque 100 000 étudiants – n'abrite plus que l'administration et le salon de réception de l'établissement.

Au sud se dresse l'Académie d'Athènes (1885), l'institution de recherche la plus prestigieuse du pays, dont l'entrée est inspirée du portique ionique du temple de l'Érechthéion, sur l'Acropole. (Panepistimiou 30, Panepistimio ; fermé au public ; M Panepistimio)

Se restaurer

I Kriti CRÉTOIS €€

4 PLAN P. 136, C3

Parmi les nombreux restaurants crétois de la capitale, I Kriti est l'un des seuls à proposer des plats de saison rares, comme le ragoût d'escargots, les *volvi* (bulbes de muscari à toupet) marinés au vinaigre ou le cabri aux noix et à l'ail. La devanture occupe plusieurs arcades d'un passage piéton. Le week-end, mieux vaut réserver. (210 382 6998 ; Veranzerou 5, Omonia ; plats 7-12 € ; 12h-minuit lun-sam ; M Omonia)

Yiantes TAVERNA €€

5 PLAN P. 136, E2

Plutôt haut de gamme pour Exarhia, ce restaurant, situé dans un joli jardin, sert une cuisine exquise et très largement bio. Essayez les légumes verts comme les *almirikia*, le poisson grillé ou les délicieuses moules et les calamars au safran. (210 330 1369 ; Valtetsiou 44, Exarhia ; plats 10-18 € ; 13h-minuit ; ; M Omonia)

Hypovrihio GREC €

6 PLAN P. 136, E3

Exigu et coloré, le "Sous-marin" est imprégnée de l'ambiance décontractée d'Exarhia. Le *raki* coule à flots, mais un large choix de classiques grecs maison (côtes de porc, *dakos* crétois, plats végétariens...) et de pâtes italiennes compense délicieusement les effets de l'alcool. Les petites portions permettent de goûter plein de bonnes choses à la fois. (210 409 0058 ; Asklipiou 53, angle Arahovis, Exarhia ; petites assiettes 4-10 € ; 16h-4h dim-ven, 12h-16h dim ; M Panepistimio)

Kimatothrafstis TAVERNA €

7 PLAN P. 136, E3

Un café moderne et coloré à l'ambiance détendue, où l'on mange une cuisine grecque familiale ainsi que des plats plus originaux d'un bon rapport qualité/prix. Faites votre choix sur le buffet du jour et installez-vous aux tables communes. (213 030 8274 ; Harilaou Trikoupi 49, Exarhia ; petite/grande assiette 4/7 € ; 8h-23h, fermé dim soir ; ; ; M Omonia)

Œuvre de street art à la mémoire d'Alexis Grigoropoulos (p. 138)

Ama Laxei stis Nefelis

GREC €

8 PLAN P. 136, E1

Une brève ascension de la colline d'Exarhia mène à ce *mezedhopoleio* moderne au cadre plaisant, aménagé dans une ancienne école à la cour de récréation verdoyante. De délicieux mezze, tels que le poulpe mariné au vinaigre et les boulettes de viande à l'ouzo accompagnent bien la boisson. (210 384 5978 ; Kalidromiou 69, Exarhia ; mezze 5-11 € ; 13h-00h30 mer-dim, à partir de 19h lun ; 2, 5, 9, 11 vers Polytechneio)

Doureios Ippos

TAVERNA €

9 PLAN P. 136, D2

Si cette taverna familiale semble déserte durant l'été, c'est que les clients préfèrent manger sur le toit en terrasse à l'ombre des plantes grimpantes. Ouvert en 1965, l'endroit n'a pas beaucoup changé depuis, et chaque soir la salle embaume encore de l'odeur de toutes sortes de viandes cuites au charbon de bois. (210 383 2006 ; Koletti 21, Exarhia ; plats 8-10 € ; 19h-2h mar-dim ; M Omonia)

Barbagiannis

TAVERNA €

10 PLAN P. 136, E2

Véritable institution du quartier, ce *mayirio* discret a la faveur des étudiants et de tous les amateurs de cuisine familiale bien préparée, à prix avantageux. (210 330 0185 ; Emmanuel Benaki 94, Exarhia ; plats 5-8 € ; déj et dîner ; M Omonia)

Hayat
TURC €

11 PLAN P. 136, F3

De la soupe de lentilles aux kebabs et ragoûts d'un bon rapport qualité/prix, Hayat sert de copieuses spécialités kurdes bien relevées – ainsi que des en-cas si vous êtes pressé. (215 555 8580 ; Ippokratous 78, Exarhia ; plats 4-9 € ; 14h-minuit ; M Panepistimio)

Rozalia
TAVERNA €

12 PLAN P. 136, D2

Dans une rue commerçante animée, cette adresse familiale bien connue prépare des grillades et autres plats maison. Les mezze sont présentés aux clients sur un plateau, de sorte à faciliter le choix cornélien. Préférez les tables dans le jardin à celles installées sur le trottoir inégal. (210 330 2933 ; Valtetsiou 58, Exarhia ; plats 5-11 € ; 12h-2h ; M Omonia)

Prendre un verre

Nabokov
BAR

13 PLAN P. 136, E3

Tout ce qu'on attend d'un bar d'Exarhia : tendance littéraire, musique rétro, de quoi grignoter et des clients de tous âges qui ont l'air d'habitués de longue date (l'endroit n'a pourtant ouvert qu'en 2017). Il y a même un petit flipper en prime. (211 111 0432 ; Asklipiou 41, Exarhia ; 10h-2h lun-jeu, jusqu'à 3h ven-sam, 18h-2h dim ; M Panepistimio)

Café Veneti
CAFÉ

14 PLAN P. 136, B3

Le Veneti (alias Beneth) occupe les vastes locaux de l'ancien café Neon, ancien repaire mythique des intellectuels athéniens, fermé suite à la crise économique.
La pâtisserie au rez-de-chaussée vend des produits de qualité, dont quelques plats chauds, et l'on peut s'asseoir à l'étage ou dehors sur la place. Service impeccable. (210 523 0740 ; Plateia Omonias 7, Omonia ; 7h-23h ; M Omonia)

Taf Coffee
CAFÉ

15 PLAN P. 136, C3

L'un des meilleurs torréfacteurs nouvelle tendance à Athènes, le Taf distribue ses produits dans tout le pays et un peu à l'étranger. Café à consommer en salle ou au comptoir. (210 380 0014 ; www.cafetaf.gr/en ; Emmanuel Benaki 7, Omonia ; 7h-20h lun-ven, 8h-17h sam ; M Omonia)

Ivi
CAFÉ

16 PLAN P. 136, D2

Si le choix ne manque pas pour boire un expresso frappé autour de la Plateia Exarhion, la devanture ouverte et la musique relaxante de l'Ivi le placent tout de même un bon cran au-dessus. Une faune de créatifs armés d'ordinateurs portables fréquente l'endroit toute la journée. (215 510 0787 ; Stournari 2, Exarhia ; 8h-1h ; ; M Omonia)

Apéritif à Exarhia

Presque chaque colline de Grèce a son café. Celui au sommet de Strefi s'appelle l'**Exostrefis** (215 551 5656 ; Logos Strefi, Exarhia ; 13h-3h lun-ven, 17h-3h sam, 12h-3h dim ; 2, 5, 11 vers Polytechnio, 230 vers Kallidromio), un petit bar décontracté où prendre une bière avec des en-cas au coucher du soleil, en compagnie des habitués du quartier. Il y a même de la musique live les soirs de week-end (entrée 10 € minimum). En hiver, l'animation se déplace "en bas", dans un restaurant en sous-sol de la Plateia Exarhion.

Revolt

BAR

17 PLAN P. 136, D2

Avec sa façade décorée de street art et sa terrasse, ce bar est une bonne base pour tester les clubs alentour : vous n'avez qu'à descendre Koletti jusqu'à Mesolongiou et les rues piétonnes. (210 380 0016 ; Koletti 29, Exarhia ; 10h-2h dim-jeu, 10h-3h ven-sam ; M Omonia)

Tsin Tsin

BAR À COCKTAILS

18 PLAN P. 136, D3

Le barman expert en cocktails et l'atmosphère cosy de ce bar, quoiqu'un peu excentré, valent le détour. (210 384 1460 ; Kiafas 6, Exarhia ; 19h-tard ; M Omonia)

Blue Fox

BAR

19 PLAN P. 136, F3

La petite scène swing et rockabilly d'Athènes s'anime sur la piste de danse du Blue Fox. Les soirs de week-end, vous reconnaîtrez l'adresse aux scooters garés devant l'entrée. (6942487225 ; Asklipiou 91, Exarhia ; 21h-2h jeu, jusqu'à 3h ven-sam ; M Panepistimio)

Tralala

BAR

20 PLAN P. 136, E3

Cette bar bohème orné d'œuvres d'art a la faveur des comédiens. Patrons sympathiques et ambiance conviviale. (210 362 8066 ; Asklipiou 45, Exarhia ; 12h-3h ; M Panepistimio, Omonia)

Steki Metanaston

CAFÉ

21 PLAN P. 136, D1

Plus qu'un café, Steki Metanaston est un centre social pour réfugiés, installé dans un squat d'Exarhia. Le programme est varié, comme la cuisine préparée par les nouveaux arrivants. (www.facebook.com/stekimetanaston ; Tsamadou 13a, Exarhia ; fin de matinée-minuit ; M Polytehnion)

Alexandrino

BAR À COCKTAILS

22 PLAN P. 136, E2

Un parfum de bistrot français flotte dans ce bar minuscule servant d'excellents vins et cocktails. (210 382 7780 ; Emmanuel Benaki 69, Exarhia ; 19h-tard ; M Omonia)

Sortir

Feidiou 2 Music Cafe MUSIQUE LIVE

23 PLAN P. 136, D4

Un concert de musique traditionnelle, généralement du rébétiko, débute vers 22h presque tous les soirs dans ce petit café cosy à la lisière d'Exarhia. Clientèle mélangée de tous âges. (210 330 0060 ; www.facebook.com/Feidiou2 ; Fidiou 2, Exarhia ; 8h-2h30 ; M Omonia)

Théâtre national THÉÂTRE

24 PLAN P. 136, A3

L'institution programme une large variété de pièces contemporaines et classiques, que ce soit dans son élégant bâtiment néoclassique, dans d'autres salles athéniennes, ou bien même, l'été venu, dans certains théâtres antiques de province. Billets à prix raisonnables et spectacles parfois sous-titrés en anglais. (210 528 8100 ; www.n-t.gr ; Agiou Konstantinou 22-24, Omonia ; M Omonia)

Riviera CINÉMA

25 PLAN P. 136, E2

En activité depuis 1969, ce cinéma d'art et d'essai en plein air projette notamment des nouveaux films indépendants et des courts métrages. (210 384 4827 ; www.facebook.com/riviera.athens ; Valtetsiou 46, Exarhia ; adulte/enfant 7/6 €, mer 5 € ; juin-sep ; M Omonia)

Vox CINÉMA

26 PLAN P. 136, E2

Ce cinéma en plein air installé sur la place principale d'Exarhia depuis 1938 bénéficie aujourd'hui du statut de monument historique – ce qui n'enlève rien à son authenticité. Arrivez avant la séance pour prendre un verre

Le retour du rébétiko

- Classique absolu de la scène musicale athénienne, le rébétiko est un genre populaire apparu dans les années 1920, qui suscite aujourd'hui un nouvel engouement. Exarhia est l'endroit privilégié pour découvrir ce "blues grec".

- Parmi les plus anciennes institutions du genre, **Kavouras** (Plan p. 136, D2 ; 210 381 0202 ; Themistokleous 64, Exarhia ; 23h-tard ven et sam sep-juin ; M Omonia) invite à faire la fête jusqu'à l'aube. Sachez toutefois que l'endroit ferme en été, comme la plupart des établissements dépourvus d'espace en plein air.

- Intéressez-vous aussi aux petits bars de la rue Emmanuel Benaki et du secteur très fréquenté par les étudiants autour du croisement de Koletti et Mesolongiou.

CLAIRY MOUSTAFELLOU/ALAMY STOCK PHOTO ©

Table conviviale athénienne

dans le café du squat au rez-de-chaussée. (☎ 210 331 0170 ; www.facebook.com/vox.athens ; Themistokleous 82, Exarhia ; adulte/enfant 7/6 €, mar 5 € ; Ⓜ Omonia)

AN Club

MUSIQUE LIVE

27 PLAN P. 136, D2

Un club de rock établi de longue date, où se produisent des petits groupes internationaux et des formations grecques – surtout de heavy metal. (☎ 210 330 5056 ; www.anclub.gr ; Solomou 13-15, Exarhia ; Ⓜ Omonia)

Shopping

Plan 59

MUSIQUE

28 PLAN P. 136, E2

Entre ce disquaire et son voisin l'Old School, les amateurs de vieux vinyles auront de quoi chiner dans un stock important d'albums de jazz et de rock psychédélique. Plan 59 vend davantage de disques de musique grecque, ainsi que des livres et des magazines. (☎ 210 384 0589 ; www.plan59.wordpress.com ; Zoodohou Pigis 59, Exarhia ; 🕑 11h-16h lun, mer et ven, jusqu'à 20h mar et jeu, 11h-17h sam ; Ⓜ Omonia)

Zacharias

MODE ET ACCESSOIRES

29 PLAN P. 136, E2

Une gamme d'accessoires aux motifs sérigraphiés d'inspiration antique, créée par un duo de designers hispano-grec. Mention spéciale aux carnets, portefeuilles et autres articles en cuir dont les couleurs rappellent les céramiques grecques. Certaines boutiques de musées vendent des produits de la marque ; mais le choix est plus varié ici. (www.zacharias.es ; Zoodohou Pigis 55, Exarhia ; 10h-17h lun-sam ; M Omonia)

Le Livre ouvert

LIVRES

30 PLAN P. 136, D4

Librairie générale francophone ouverte en 2010 et dont le nom, inspiré du recueil poétique de Paul Éluard, fait écho à sa politique d'ouverture autour du livre – avec une cellule éditoriale notamment, et de nombreux ateliers organisés. (210 362 9703 ; www.lelivreouvert.gr ; Solonos 77, Panepistimio ; 9h-17h lun et mer, 9h-20h mar, jeu et ven, 10-16h sam ; M Panepistimio)

Loumidi

CAFÉ

31 PLAN P. 136, B3

Visible à chaque coin de rue, la célèbre chaîne de café Papagalo a été fondée par la famille Loumidis – avant d'être rachetée par un conglomérat international. La jolie boutique d'origine est l'endroit idéal pour un café et une douceur, à deux pas de la Plateia Omonias. (210 321 4426 ; Eolou 106, Omonia ; 8h-20h lun-ven, 8h-16h sam ; M Omonia)

Comicon Shop

BD

32 PLAN P. 136, D2

Large éventail de BD grecques indépendantes, de romans graphiques et de fanzines. Un autre magasin du même genre se trouve de l'autre côté de la rue. (213 008 0255 ; www.comicon-shop.gr ; Solonos 128, Exarhia ; 9h-20h30 lun-ven, 9h-15h30 sam ; M Omonia)

Ellinika Kouloudia

ALIMENTATION ET BOISSONS

33 PLAN P. 136, E2

Au cœur du marché de rue animé du samedi, cette épicerie fine originale offre une sélection appétissante de produits traditionnels – miel, fromage, spécialités régionales, ainsi que vin et ouzo bio. (210 330 0384 ; Kalidromiou 51a, Exarhia ; 9h-18h lun et mer, 9h-21h mar, jeu-ven, 8h-16h sam ; M Omonia)

Travel Bookstore

LIVRES

34 PLAN P. 136, D4

Une librairie centrale où se procurer cartes et guides de voyages. (210 361 6943 ; www.travelbookstore.gr ; Solonos 71, Panepistimio ; 8h30-16h30 lun, mer et sam, jusqu'à 20h30 mar, jeu et ven ; M Panepistimio)

Explorer

Colline de Philopappos, Thisio et Petralona

Poches de verdure au cœur de la frénésie athénienne, Philopappos et les collines voisines invitent à de paisibles pauses café et des promenades parmi les vieilles pierres. Dans le même esprit, les quartiers de Thisio et Petralona donnent l'impression de se trouver à mille lieues du flot touristique.

Philopappos est principalement fréquentée le soir. Toutefois, en venant le matin, vous profiterez de la lumière du jour et aurez peut-être la chance de trouver ouverte l'église byzantine Agios Dimitrios Loumbardiaris (p. 149). D'ici, votre excursion s'étendra à la colline de la Pnyx (p. 151) voisine, puis à l'église Agia Marina Thission (p. 151). Après quoi, direction Ano (haut) Petralona et sa rue principale (Troon) – à moins que vous ne préfériez faire une pause dans un café de Thisio. À la nuit tombée, optez pour des danses traditionnelles au Théâtre Dora Stratou (p. 155) ou pour un film au Thission (p. 154).

Comment s'y rendre et circuler

M De la station Thisio (ligne verte), remontez la rue piétonne Apostolou Pavlou.

M De la station Akropoli (ligne rouge), dirigez-vous vers l'ouest en empruntant la rue piétonne Dionysiou Areopagitou.

M La colline complique un peu le chemin de la station Petralona (ligne verte) au quartier éponyme ; préférez Thisio.

Plan de Philopappos, Thisio et Petralona p. 150

Église Agia Marina Thission (p. 151)

Les incontournables

Colline de Philopappos

Également appelée colline des Muses, Philopappos est, avec les collines de la Pnyx (p. 151) et des Nymphes, d'après Plutarque, le lieu où s'affrontèrent Thésée et les Amazones. Ses versants aujourd'hui plantés de pins se prêtent agréablement à la promenade et offrent l'un des meilleurs points de vue pour photographier l'Acropole. Le site recèle également quelques vestiges dignes d'intérêt.

PLAN P. 150, D6

M Akropoli

Église Dimitrios Loumbardiaris

Cette ravissante église du XVIe siècle (Plan p. 150, D5 ; M Thissio, Akropoli) au pied de la colline de Philopappos doit son nom à une pièce d'artillerie, la "lombarde", avec laquelle une garnison turque menaçait les fidèles avant d'être miraculeusement foudroyée. Coiffée d'une toiture en bois et pavée de marbre, elle renferme une fresque de 1732 représentant saint Dimitri sur son cheval tel Alexandre le Grand dans l'iconographie antique. Le portail et les cloches dans la cour, œuvre de l'architecte moderniste Dimitris Pikionis, évoquent le Japon.

Prison de Socrate

Suivez le sentier entre les pins jusqu'au dédale de salles troglodytiques où, d'après la légende, Socrate fut emprisonné avant son procès en 399 av. J.-C. Pendant la Seconde Guerre mondiale, des pièces de l'Acropole et du musée national d'Archéologie auraient été dissimulées ici pour les protéger des pillages nazis.

Sanctuaire des Muses et fortifications

Grimpez l'escalier pavé de marbre à flanc de coteau jusqu'au sanctuaire des Muses, creusé dans la roche. De nos jours encore, les artistes – implorants ou exaucés – déposent des offrandes sur un petit cairn de pierres. On distingue également les vestiges d'une muraille des IVe et Ve siècles av. J.-C.

Monument de Philopappos

Au sommet de la colline se dresse le monument en marbre de Philopappos (en photo), érigé en 114-116 en l'honneur de Julius Antiochus Philopappos, consul et administrateur romain. Les niches portent des statues du consul sur le trône, tandis que la frise du bas le représente dans un chariot, entouré de ses collaborateurs.

★ À savoir

- Des petits sentiers sillonnent la colline, mais le chemin en dur jusqu'au sommet débute près du *periptero* (kiosque) sur Dionysiou Areopagitou.
- Le sommet offre l'une des plus belles vues sur l'Acropole et l'Attique.
- Au-dessus de la cime des arbres, la colline est très exposée : en été, prévoyez de la crème solaire, un chapeau et de l'eau.

Une petite pause ?

Pour vous désaltérer ou manger un morceau, faites halte dans l'un des cafés ou restaurants de Thisio, comme l'accueillant Akropol (p. 154) ou le Gevomai kai Magevomai (p. 153).

A
B
C
D
1
2
3
4
5
6
0
200 m
Iera Odos
Iakhou
Triptolemou
Voutadon
Keramiekos
Voutadon
GAZI
Technopolis
Pireos (Tsaldari Panagi)
Melidoni
Ermou
Parc
de Thisio
Leof Konstandinoupoleos
Eptachalkou
Thissio
Bernier/Eliades
4
6
Flateia
Thisiou
Agion Asomaton
Centre culturel
Melina Merkouri
5
Efestion
Poulopoulou
Pireos (Tsaldari Panagi)
Iraklidon
Iraklidon
THISIO
Vasilis
Ethras
Nileos
Erysihthonos
Karydi
Akteou
12
Iraklidon
Musée Hérakleidon
2
11
Nileos
Apostolou Pavlou
Padova
Lykomidon
8
Alkminis
Exoneon
Stirieon
Akamandos
10
9
Sfittion
Thessalonikis
Thorikion
Galatias
Trion Ierarhon
Kymeon
Église Agia
Marina Thission
3
Otryneon
Pnykos
Fylasion
Dimofontos
Alsos
Petralonon
Dimitriou Eginitou
13
Kiriadon
Troon
Stisikleous
Colline
des Nymphes
Colline
de la Pnyx
1
Andoniadou
Thessalonikis
Meliteon
Navarhou
Apostoli
Apolloniou
KATO
PETRALONA
Pallineon
Pallineon
Église Agios Dimitrios
Loumbardiaris
Trion Ierarhon
Dimofontos
ANO
PETRALONA
Kydandidon
14
7
Tritonos
Troon
Ionon
Petralona
Vassani
Aheon
Eoleon
15
Nos adresses
Les incontournables p. 148
Voir p. 151
Se restaurer p. 152
Prendre un verre p. 154
Sortir p. 154
Arakynthou
Colline
de Philopappos
Beranzofsky
A
B
C
D

Voir

Colline de la Pnyx PARC

1 PLAN P. 150, D4

C'est sur la colline rocheuse de la Pnyx, au nord de Philopappos, que se tenait, au Ve siècle av. J.-C., l'Assemblée des citoyens (Ecclésia). Le site peut ainsi être considéré comme le premier siège de la démocratie athénienne. On distingue encore la tribune où s'exprimèrent les grands orateurs Aristide, Démosthène, Périclès et Thémistocle. Souvent vide, à l'exception des oiseaux – et de l'occasionnelle séance photos des politiciens en campagne –, ce lieu de promenade tranquille offre une belle vue sur l'Acropole. Au nord-ouest s'élève la colline des Nymphes, surmontée de l'ancien observatoire d'Athènes bâti en 1842. (M Thisio)

Musée Hérakleidon MUSÉE

2 PLAN P. 150, D3

Ce musée privé jette un pont entre les mathématiques, les arts et la philosophie à travers des expositions temporaires sur des thèmes aussi variés que la technologie chinoise ou la construction navale. S'y trouve par ailleurs assemblée l'une des plus importantes collections d'œuvres de M. C. Escher et de Victor Vasarely – hélas pas toujours visitable. Dans l'annexe au 16 rue Iraklidon, ouverte uniquement le dimanche, une exposition permanente explique la science aux enfants. (210 346 1981 ; www.herakleidon-art.gr/en-us/ ; Apostolou Pavlou 37, Thisio ; adulte/enfant 7 €/gratuit ; 10h-18h mer-dim ; M Thisio)

Église Agia Marina Thission ÉGLISE

3 PLAN P. 150, D3

Cette église à la façade rayée et aux dômes de tuile rouge, érigée en 1931, se détache sur le flanc nord-ouest de la colline des Nymphes. L'intérieur présente de jolies peintures murales aux accents Art nouveau, et la chapelle rupestre du XIe ou XIIe siècle à l'angle sud-est, associée depuis toujours à la naissance et à la santé des enfants, est un petit bijou en soi. (Plateia Agias Marinas, Thisio ; M Thisio)

Bernier/Eliades GALERIE

4 PLAN P. 150, C2

Cette galerie réputée expose les œuvres de sommités de l'art

Un village dans la ville

À Ano Petralona, le tronçon de la rue Kallisthenous au niveau d'Aristragora est bordé de maisonnettes en pierre de style villageois. Il s'agit en réalité d'habitations ouvrières construites dans les années 1950 par l'architecte Dimitris Pikionis, concepteur des chemins dallés de Philopappos.

grec et international, des expressionnistes abstraits américains aux artistes pop anglais. (☎ 210 341 3935 ; www.bernier-eliades.gr ; Eptachalkou 11, Thisio ; 🕐 10h30-18h30 mar-ven, 12h-16h sam ; M Thisio)

Centre culturel Melina Merkouri

MUSÉE

5 PLAN P. 150, B2

Les amoureux du théâtre d'ombres grec (*karagiozis*) ne manqueront pas ce musée gratuit où sont présentées les créations du maître marionnettiste Haridimos (Sotiris Haritos). Il y a peu d'explications, mais les objets parlent d'eux-mêmes. À l'étage se trouve une reconstitution d'une rue du vieux Athènes, avec ses devantures de boutiques et d'ateliers. Représentation le dimanche à 11h. (☎ 210 345 2150 ; Irakleidon 66, Thisio ; entrée libre ; 🕐 10h-20h mar-sam, 10h-14h dim ; M Thisio)

Se restaurer

Steki tou Ilia

TAVERNA €

6 PLAN P. 150, D2

La foule se presse devant cette *psistaria* (restaurant de grillades), renommée pour son agneau et ses côtes de porc, ses accompagnements simples (dips, frites et salades) et son vin au tonneau. L'été, l'établissement déménage en face, dans un jardin caché de l'autre côté de la voie ferrée. (☎ 210 345 8052 ; Eptahalkou 5, Thisio ; portion/kg 9/30 € ; 🕐 12h-1h, jusqu'à 19h dim ; M Thisio)

Sièges antiques sur la colline de la Pnyx (p. 151)

EFESENKO/GETTY IMAGES ©

Les philosophes de la raison

À la fin du Ve siècle et au début du IVe siècle av. J.-C., plusieurs philosophes grecs se détachèrent du mysticisme pour développer une réflexion fondée sur la logique et la raison qui allait marquer durablement la philosophie occidentale :

Socrate (469–399 av. J.-C). Le plus grand citoyen d'Athènes fut accusé de pervertir la jeunesse, emprisonné (sur la colline de Philopappos, à en croire la légende) et condamné à boire la ciguë. Il a laissé un courant de pensée fondé sur le réductionnisme par hypothèses, la méthode socratique, qui a toujours cours aujourd'hui.

Platon (427–347 av. J.-C). Principal disciple de Socrate, Platon fit connaître la pensée et la méthode de son maître à travers une œuvre écrite abondante. Considéré comme un idéaliste, il rédigea *La République* en guise d'avertissement à la cité d'Athènes, qu'il jugeait vouée à l'échec si son peuple ne respectait pas les lois et n'éduquait pas suffisamment la génération future.

Aristote (384–322 av. J.-C.). L'élève de Platon créa sa propre école (p. 107), au sein de laquelle purent notamment se développer ses recherches sur l'astronomie, la physique, la zoologie, l'éthique et la politique. Aristote fut aussi le médecin personnel de Philippe II de Macédoine et le précepteur d'Alexandre le Grand.

Oikonomou

TAVERNA €€

7 PLAN P. 150, B5

Si les authentiques tavernas locales disparaissent peu à peu dans le joli quartier d'Ano Petralona, il est toujours temps de savourer les ragoûts et autres délicieux plats d'Oikonomou. Avant de commander, n'hésitez pas à faire un tour en cuisine pour voir ce qui mijote de bon dans les casseroles. (210 346 7555 ; Troon 41, Ano Petralona ; plats 8-12 € ; 15h-22h mar-sam ; M Petralona)

Gevomai Kai Magevomai

TAVERNA €

8 PLAN P. 150, D3

En arpentant la rue piétonne, vous tomberez sur cette petite adresse aux tables en marbre, dont la cuisine maison sans chichi à base de produits extra-frais ne cesse de faire le bonheur des habitants – une véritable aubaine dans un secteur aussi touristique. (210 345 2802 ; Nileos 11, Thisio ; plats 6-14 € ; déj et dîner mar-dim ; ; M Thisio)

100% local

- Si votre chien vous manque en vacances, rendez-vous le soir sur les collines de Philopappos et de la Pnyx, à l'heure où les habitants promènent leurs toutous.
- Le marché d'alimentation (*laïki agora*) de Petralona se tient le vendredi dans Kallisthenous.

Prendre un verre

Upupa Epops BAR-RESTAURANT

9 PLAN P. 150, A3

La "Huppe" incarne parfaitement l'esprit branché (mais pas trop) de Petralona : nombreux espaces garnis de vieux meubles dépareillés, cour charmante, bonne carte et fréquents DJ sets. Malgré l'ambiance animée, vous trouverez toujours un coin pour discuter au calme. (☎ 212 105 5214 ; Alkminis 7, Petralona ; ⏲ 10h-2h, jusqu'à 3h ven-sam ; M Petralona)

Akropol CAFÉ

10 PLAN P. 150, D3

Ouvert seulement depuis 2017, ce "café vintage" a cependant tout mis en œuvre pour se donner l'air d'une vieille institution. Avec sa situation de choix sur la promenade piétonne, son personnel attentif et ses soirées musicales à l'occasion, l'endroit attire les riverains aussi bien que les touristes curieux. (☎ 210 346 5543 ; Akamandos 2 ; ⏲ 9h-2h ; M Thisio)

Sin Athina CAFÉ

11 PLAN P. 150, D3

Sis à l'angle de deux rues piétonnes jalonnées de cafés, le Sin Athina peut s'enorgueillir d'un emplacement privilégié et d'une perspective splendide sur l'Acropole. Sur le toit en terrasse, le cadre est plus magique encore – et la carte, plus élaborée, affiche des prix légèrement supérieurs. (☎ 210 345 5550 ; www.sinathina.gr ; Iraklidon 2, Thisio ; ⏲ 8h-tard ; M Thisio)

Koupa Libre CAFÉ

12 PLAN P. 150, C2

Un coin sympathique à l'extrémité la plus tranquille de la rue piétonne Iraklidon. Au menu : café infusé à froid, bière artisanale et ouzo, plus une petite carte de plats réconfortants tels que pain perdu salé à la grecque (petit-déjeuner) ou pommes de terre épicées, ainsi que les desserts préparés par la mère du patron. (☎ 210 346 2099 ; Iraklidon 19 ; ⏲ 8h-1h ; M Thisio)

Sortir

Thission CINÉMA

13 PLAN P. 150, D4

En face de l'Acropole, ce joli cinéma à l'ancienne est installé dans un cadre verdoyant. Asseyez-vous dans le fond si vous voulez

Cinéma Thission

apercevoir le monument éclairé. (☎210 342 0864 ; www.cine-thisio.gr ; Apostolou Pavlou 7, Thisio ; 8 € ; ⏲mai-oct ; Ⓜ Thisio)

Zefiros

CINÉMA

14 PLAN P. 150, B5

Un cinéma en plein air projetant d'obscurs films étrangers (ce qui peut des fois poser problème au niveau des sous-titres) ainsi que des classiques en noir et blanc. (☎210 346 2677 ; www.facebook.com/zefirosnewstarartcinema ; Troon 36, Ano Petralona ; 7 €, mer 5 € ; ⏲mai-oct ; Ⓜ Petralona)

Théâtre Dora Stratou

DANSE

15 PLAN P. 150, C6

En été, cette troupe de danse folklorique organise des ateliers et se produit dans son théâtre à ciel ouvert, du côté ouest de la colline de Philopappos. L'occasion de découvrir la diversité des costumes et des traditions musicales du pays. (☎210 921 4650 ; www.grdance.org/en/ ; Philopappos ; adulte/enfant 15/5 € ; ⏲spectacles 21h30 mer-ven, 20h30 sam-dim fin-mai-sept ; Ⓜ Petralona, Akropoli)

Explorer

Gazi, Keramikos et Metaxourgio

L'ancienne zone industrielle de Gazi est devenue l'un des hauts lieux de la vie nocturne athénienne. En son centre Technopolis, une usine à gaz reconvertie en espace culturel, sert de point de ralliement aux fêtards. Avec le temps, la réhabilitation s'est étendue aux quartiers de Keramikos et Metaxourgio, où les bars et cafés branchés surgissent au milieu des bâtisses, des magasins de scooters et des grossistes chinois.

Commencez tôt pour visiter le site archéologique de Keramikos (p. 158), puis le musée d'Art islamique (p. 163) et l'annexe Pireos du musée Benaki (p. 163). Le centre de Gazi est un peu mort en journée ; prévoyez plutôt une pause déjeuner à Petralona. Le soir, dînez au Kanella (p. 165), avant de sortir dans un espace polyvalent comme Bios (p. 169), Gazarte (p. 167) ou Treno sto Rouf (p. 168). L'ambiance est généralement plus agitée à l'ouest de Iera Odos qu'à l'est. Si l'animation trépidante de Gazi ne vous tente guère, traversez au moins la place principale, où les gens se retrouvent pour planifier leur soirée.

Comment s'y rendre et circuler

M La station Kerameikos (ligne bleue) se situe au cœur du quartier de Gazi.

M La station Thissio (ligne verte) est un peu plus proche du site archéologique de Keramikos.

Des taxis attendent dans le centre de Gazi ; sinon, on peut en appeler un. Prix majoré de 60% après minuit (tarif 2 au compteur).

Plan de Gazi, Keramikos et Metaxourgio p. 162

Street art à Gazi GRIGORIOSMORAITIS/GETTY IMAGES ©

Les incontournables

Keramikos

Nécropole d'Athènes jusqu'au VIᵉ siècle, Keramikos était à l'origine un quartier de potiers (d'où le mot "céramique"), établi aux alentours de 3000 av. J.-C. sur les berges argileuses de la rivière Eridanos. Redécouvert en 1861 lors de l'aménagement de la rue Pireos, ce site verdoyant et tranquille abrite de belles stèles funéraires sculptées.

PLAN P. 162, D3
www.odysseus.culture.gr
Ermou 148, Keramikos
adulte/enfant musée compris 8 €/gratuit, inclus dans le billet pour l'Acropole
8h-20h, horaires réduits en basse saison
M Thissio

Musée archéologique

Ce petit musée renferme des stèles et sculptures remarquables, comme le **taureau en marbre** du tombeau de Dionysos de Kollytos (IVᵉ siècle av. J.-C.), des offrandes funéraires et des jouets antiques. Remarquez aussi le molosse en pierre plus vrai que nature qui monte la garde dehors.

Porte Sacrée

Cette porte, dont ne subsistent que les fondations, marquait jadis la fin de la **voie Sacrée** (Iera Odos) entre Éleusis et Athènes, empruntée chaque année par les pèlerins lors de la **procession de la fête éleusinienne**. Une large rue suivant le même tracé conduit toujours vers l'ouest jusqu'à l'actuelle Elefsina.

Dipylon

Principale entrée de la cité et point de départ de la procession des Panathénées, cette porte était aussi l'endroit où les prostituées offraient leurs services aux voyageurs. Sur un podium non loin de là, Périclès prononça son fameux discours rendant hommage aux vertus d'Athènes et aux soldats morts durant la première année de la guerre du Péloponnèse. Entre la porte Sacrée et le Dipylon se trouvent les ruines du **Pompéion**, l'édifice en marbre où l'on rangeait les objets cérémoniels et les véhicules de la procession panathénaïque.

Allée des Tombeaux

Partant à gauche de la voie Sacrée lorsqu'on s'éloigne de la ville, cette avenue était réservée aux sépultures des Athéniens de haut rang. Elle abrite des répliques de stèles dont les originaux sont conservés dans le musée du site et au musée national d'Archéologie. Certaines, comme celle représentant une petite fille avec son chien, frappent par leurs détails émouvants.

★ À savoir

- Au milieu du site, contemplez la perspective sur Iera Odos, au-delà des grilles vers le nord-ouest : vous imaginerez mieux la disposition des portes et autres édifices de la voie Sacrée.
- Il n'y a ni café ni boutique à proximité ; prévoyez de l'eau ou une bouteille à remplir au robinet près du musée.
- Le site et le musée sont inclus dans le billet combiné de l'Acropole (30 €).

Une petite pause ?

Les établissements les plus proches où prendre un verre sont à Thisio. De l'entrée du site de Keramikos, on rejoint facilement le Koupa Libre (p. 154) par la passerelle piétonnière qui enjambe Ermou. Sinon, poussez un peu plus loin jusqu'aux cafés et restaurants de Gazi, comme A Little Taste of Home (p. 165).

Promenade à pied

Une soirée à Gazi

Tels des phares dans la nuit, les cheminées rougeoyantes de Technopolis attirent les fêtards vers Gazi et son lacis de rues remplies de bars et de restaurants. Alors que l'ambiance du quartier se fait plus bruyante et mainstream au fil des ans, les secteurs de Keramikos et de Metaxourgio, au nord-est, voient fleurir des lieux de sortie plus calmes et plus alternatifs.

La promenade

Départ Plateia Avdi, Metaxourgio

Arrivée Plateon et Leonidou, Keramikos

Distance 1,8 km

Durée une heure

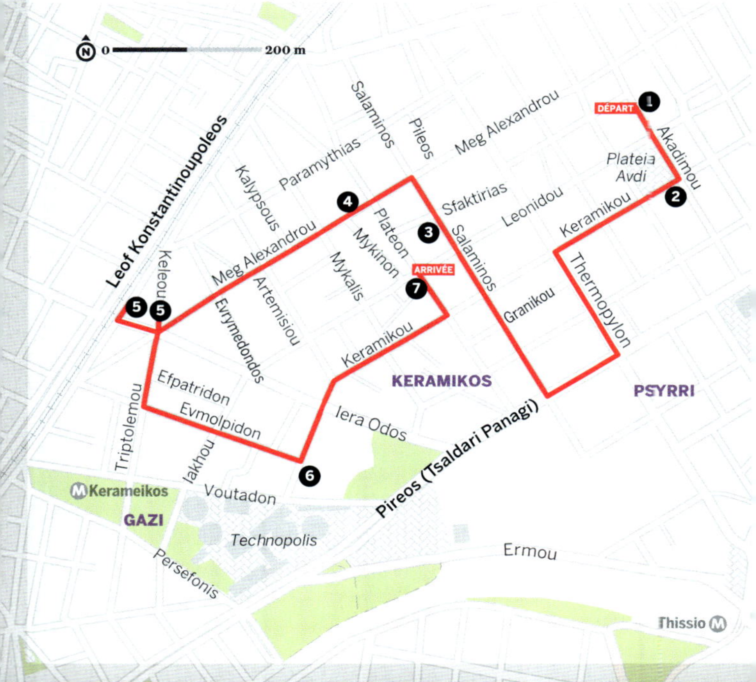

❶ Un cocktail pour commencer

Débutez la soirée dans l'un des cafés-bars branchés de la Plateia Avdi, comme le **Myrovolos** (☎ 210 522 8806 ; Giatrakou 12, Metaxourgio ; ⏰ 12h-4h lun-ven, 11h-4h sam-dim ; Ⓜ Metaxourghio), un établissement mixte tenu par des lesbiennes en dessous d'un club de moto – bref, un mélange des genres typique de Metaxourgio.

❷ Voyage culinaire

On se bouscule chaque soir au **Seychelles** (p. 165) ; si vous n'avez pas réservé, arrivez avant 21h et le coup de feu du dîner. La carte du jour affiche des plats régionaux grecs d'une fraîcheur irréprochable, préparés dans une cuisine ouverte par des chefs tatoués. Pour l'anecdote, le nom du restaurant est un clin d'œil au café Bahamas qu'il a remplacé.

❸ Bars tendance

Après dîner, flânez au sud-est dans Keramikos, en particulier le long de la rue Salaminos (piétonne) où se trouve **Alphaville** (☎ 215 505 2001 ; Salaminos, angle Sfaktirias, Keramikos ; ⏰ 11h-3h ; Ⓜ Thissio, Kerameikos ou Metaxourghio) et quantité d'autres bars bohèmes alliant bonne musique, boissons pas chères et *kefi* (ambiance festive).

❹ Blues grec

Entre deux verres, allez voir à la taverna **Steki Pinoklis** (p. 169) si un groupe de rébétiko n'a pas commencé de jouer.

❺ Gazi gay

Gazi a vu naître l'une des scènes gays et lesbiennes les plus intéressantes d'Athènes. Pour s'éclater, direction le nouveau club **BeQueer** (p. 167) ou bien, côté filles, les soirées danse rétro du **Noiz** (☎ 210 346 7850 ; www.facebook.com/noizclubgaz ; Konstantinoupoleos 78, Gazi ; ⏰ 11h30-4h dim, lun, mer et jeu, jusqu'à 6h ven-sam ; Ⓜ Kerameikos).

❻ Jazz

Des groupes de jazz et de musique africaine se produisent à l'**Afrikana** (p. 169), dans une petite maison au cadre cosy.

❼ Fringale nocturne

À Athènes, les sorties nocturnes se terminent souvent par des souvlakis. **Elvis** (p. 165), l'adresse phare du secteur, est encore ouvert après la fermeture des bars – et l'ambiance y est presque aussi tapageuse.

★ Street Art

À l'instar d'Exarhia, Gazi est un gisement à ciel ouvert de graffitis et de peintures murales. Mieux vaut revenir en journée ; le circuit organisé par **Alternative Athens** (p. 20) permet d'en savoir plus sur les artistes et le sens de leurs œuvres.

A
B
C
D
E
F
1
2
3
4
0
200 m
Votanikos Kipos (Jardin botanique)
Iera Odos
Patsi Spyrou
Ag Orous
Pellis
Kassandras
Paramythias
Meg Alexandrou
Mykinon
Plateon
Latraac
Thermopylon
Germanikou
Marathonos
Plateia Avdi
Kolokinthous
Agisilaou
Menandrou
3 Galerie municipale d'Athènes
METAXOURGIO
Volissou
Rodopis
Grevenon
Ag Markellas
Pangeou
Nevrokopiou
Prespas
Agiou Polykarpou
Leof Konstantinoupoleos
Keleou
Evrymedondos
Artemisiou
Iakhou
Keramikou
Salaminos
Granikou
Agisilaou
Kleomvrotou
Pireos (Tsaldari Panagi)
Plateia Eleftherias (Koumoundourou)
Evripidou
Psaromilingou
Agion Asomaton
Musée d'Art islamique
Agion Anargyron
KERAMIKOS
Efpatridon
Evmolpidon
Ierofandon
Iera Odos
Kerameikos
GAZI
Voutadon
Musée des Céramiques traditionnelles
Melidoni
Hammam
PSYRRI
Alternative Athens
VOTANIKOS
Amfipoleos
Strymonos
Katerinis
Emou
Orfeos
Kreousis
Dekeleon
Gargittion
Ikarieon
Persefonis
Iakhou
Technopolis
Keramikos
Ermou
Technopolis
Parc de Thisio
Eptachalkou
Thissio
Ermou
Adrianou
Leof Konstandinoupoleos
Gefyreon
Elasidon
Ikarieon
Zakyadon
Vitonos
Iraklidon
THISIO
Efestion
Poulopoulou
Parc de Thisio
Frearion
Afidneon
Vasiliou Tou Megalou
Pireos
Ralli Petrou
Tzaferi
Alkyoneos
Alkminis
Kiriadon
Dionis
Thessalonikis
Exoneon
Thorikion
Dimofontos
Erysihthonos
Nileos
Akteou
Galatias
Apostolou Pavlou
Andronikou
ROUF
Plateia Anixeos
Annexe Pireos du musée Benaki
Sfittion
Nos adresses
Les incontournables p. 158
Voir p. 163
Se restaurer p. 164
Prendre un verre p. 167
Sortir p. 168

Voir

Musée d'Art islamique MUSÉE

1 PLAN P. 162, E2

Cette annexe du musée Benaki réunit l'une des plus intéressantes collections d'art islamique au monde. Dans deux belles demeures néoclassiques sont présentées plus de 8 000 pièces, datant du VIIe au XIXe siècle : textiles, bijoux, armes, et même une salle de réception provenant d'une maison cairote du XVIIe siècle. À noter aussi un fragment du mur de Thémistocle au sous-sol. Le café au dernier étage a vue sur Keramikos. (210 325 1311 ; www.benaki.gr ; Agion Asomaton 22, Keramikos ; tarif plein/étudiant/enfant 9/7 €/gratuit ; 10h-18h jeu-dim ; M Thissio)

Annexe Pireos du musée Benaki MUSÉE

2 PLAN P. 162, B4

À l'inverse du bâtiment principal du musée Benaki (p. 100), dédié à la culture grecque classique, le programme de cette annexe est plus contemporain. Des concerts ont parfois lieu dans la cour. Café agréable et boutique de qualité. (210 345 3111 ; www.benaki.gr ; Pireos 138, Rouf ; 6-8 € ; 11h-21h mar-dim, jusqu'à 23h jeu ; M Kerameikos)

Galerie municipale d'Athènes MUSÉE

3 PLAN P. 162, E1

Ce musée donne à voir des peintures d'artistes grecs, essentiellement du début du XIXe siècle aux années 1950. Si la qualité des expositions varie, elles comprennent toujours au moins quelques gemmes intéressantes. La collection occupe une belle demeure conçue par l'architecte danois Christian Hansen, anciens locaux de l'usine à soie qui donna son nom à Metaxourgio. (210 520 2420 ; www.odysseus.culture.gr ; angle Leonidou et Millerou, Metaxourgio ; entrée libre ; 10h-21h mar, jusqu'à 19h mer-sam, jusqu'à 16h dim ; M Metaxourghio)

Technopolis MULTIPLEX CULTUREL

4 PLAN P. 162, C3

Outre la visite du musée consacré à l'industrie gazière, il se passe toujours quelque chose dans cette ancienne usine (1862), ensemble de bâtiments et de hautes cheminées en brique admirablement restauré : expositions, concerts, théâtre, danse, festivals... Un café plaisant invite à faire une pause. (210 347 5535 ; www.technopolis-athens.com ; Pireos 100, Gazi ; adulte/enfant 1 €/gratuit ; 10h-20h mar-dim, jusqu'à 18h mi-oct–mi-avr ; M Kerameikos)

Musée des Céramiques traditionnelles MUSÉE

5 PLAN P. 162, E3

Un peu dans le prolongement de l'histoire du site de Keramikos, ce musée illustre le développement de la céramique en Grèce du XVIe au XXe siècle. Les 4 500 pièces de la collection sont arrangées en

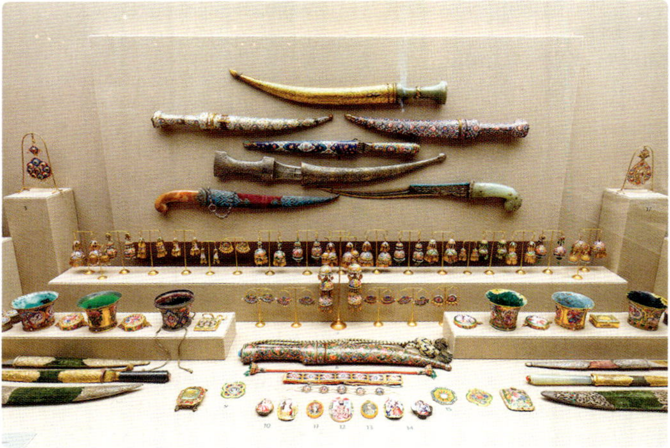

Musée d'Art islamique (p. 163)

expositions temporaires, et l'atelier de potier traditionnel reconstitué permet de mieux comprendre le procédé artisanal. (☎ 210 331 8491 ; www.potterymuseum.gr ; Melidoni 4-6, Keramikos ; entrée libre ; ⌚ 9h-15h lun-ven sept-juil ; M Thissio)

Hammam

SPA

6 PLAN P. 162, E3

Bien qu'un peu à l'étroit, cette niche en marbre est le meilleur des trois hamams ouverts dans le centre d'Athènes – des équipements, au décor soigné, jusqu'au thé servi dans le salon. Réservez pour un gommage corporel. (☎ 210 323 1073 ; www.hammam.gr ; Melidoni 1, angle Agion Asomaton, Keramikos ; 1 heure 25 €, bain-gommage à partir de 45 € ; ⌚ 12h30-22h lun-ven, 10h-22h sam-dim ; M Thissio)

Latraac

SKATE

7 PLAN P. 162, D1

Un skate bowl en bois, un bon café où se restaurer et des bancs de pique-nique sur un ancien terrain vague de 300 m². Enfants bienvenus. (www.facebook.com/latraac ; Leonidou 63-65, Keramikos ; entrée libre ; ⌚ skate 12h-15h et 17h30-23h, café jusqu'à 1h mar-dim ; M Kerameikos, Thissio)

Se restaurer

Seychelles

GREC **€€**

8 PLAN P. 162, E1

Avec sa nourriture à base de produit ultra-frais, sa cuisine ouverte, son service pro et David Bowie en fond sonore, le Seychelles a tout pour plaire. Les plats sont simples, mais savoureux : champignons sautés à la poêle accompagnés d'une tranche de fromage de chèvre ou légumes verts aux œufs de poisson. Venez tôt ou réservez car l'endroit connaît un succès mérité. (210 118 3478 ; Kerameikou 49, Metaxourgio ; plats 7-16 € ; 10h-3h ; M Kerameikos)

Elvis

GREC €

9 PLAN P. 162, D2

Si cette enseigne de souvlakis attire un monde fou, c'est qu'on y sert de succulentes grillades, que la musique est bonne, et que les serveurs offrent des verres aux clients qui attendent d'être placés. Les brochettes sont accompagnées de bons pains moelleux et de frites. (210 345 5836 ; Plataion 29, Keramikos ; brochettes 1,50 € ; 12h-3h, jusqu'à 5h ven-sam ; M Kerameikos ou Thissio)

A Little Taste of Home

GREC €

10 PLAN P. 162, B3

Ce restaurant tenu par un réfugié syrien sert une cuisine typiquement grecque ainsi que des salades originales. Hôte hors pair, Ahmad a su créer un lieu chaleureux au cœur de la frénésie de Gazi. (210 341 0013 ; www.alittletasteofhome.gr ; Dekeleon 3, Gazi ; plats 8-11 € ; 18h-23h mar-ven, 19h-minuit sam, 14h-23h dim ; M Kerameikos)

Kanella

TAVERNA €

11 PLAN P. 162, C2

Pain maison, vaisselle dépareillée, sets de table en papier marron... Le ton est donné dans cette taverna moderne et tendance, spécialisée dans la cuisine régionale. Un personnel aimable sert des plats du jour comme l'agneau au citron et aux pommes de terre, ou l'excellente salade de courgettes et d'avocats. (210 347 6320 ; www.kanellagazi.gr ; Leoforos Konstantinoupoleos 70, Gazi ; plats 7-11 € ; 13h-2h dim-jeu, 13h-3h ven-sam ; M Kerameikos)

Oinomperdemata

TAVERNA €

12 PLAN P. 162, B4

Les bons vieux plats du jour sans chichi sont la marque de fabrique de cette taverna au décor d'épicerie branchée. Essayez les classiques comme la morue frite avec sauce à l'ail et légumes rôtis, ou le ragoût de porc, de lapin et de coq. (210 341 1461 ; www.oinomperdemata.gr/en ; Vasiliou tou Megalou 10, Gazi ; plats 5-10 € ; 12h-0h30 lun-sam ; ; M Kerameikos)

Funky Gourmet

MÉDITERRANÉEN €€€

13 PLAN P. 162, D1

Les deux chefs de cette table étoilée au Michelin mettent une jubilation certaine à inventer des recettes moléculaires hallucinantes à partir des saveurs familières de la cuisine grecque. En un mot, une adresse incontournable pour les gastronomes. Réservation indispensable. (210 524 2727 ; www.funkygourmet.com/en ; Paramythias 13, angle Salaminos, Keramikos ; menu à partir de 145 € ; 19h-minuit mar-sam, dernière commande 22h30 ; M Metaxourghio)

Choisir au restaurant

- Les restaurants doivent afficher leurs carte et tarifs à l'extérieur. Seuls les plats de la liste accompagnés d'un prix sont réellement disponibles. En cas d'hésitation, commandez un plat du jour.
- Dans les établissements de catégorie supérieure, le pain est souvent facturé et les serveurs apportent automatiquement de l'eau en bouteille. Rien ne vous empêche de demander de l'eau du robinet. Cependant, aucun de ces suppléments ne devrait vous coûter bien cher.
- Le plus souvent, les plats sont prévus pour être partagés, mais les adresses traditionnelles font généralement des demi-portions pour les personnes seules.
- À cause des périodes de jeûne prescrites par la religion orthodoxe, surtout durant le Carême, avant Noël et l'été, les restaurants traditionnels proposent fréquemment des plats sans viande, voire végétaliens.
- Les ingrédients surgelés, en particulier les fruits de mer, sont signalés par un astérisque.
- Le poisson est habituellement vendu au poids et cuit entier. Il est courant d'aller le choisir en cuisine (privilégiez une chair ferme et des yeux brillants). Vérifiez le poids du produit cru afin d'éviter les surprises au moment de l'addition.

Athiri

GREC **€€**

14 PLAN P. 162, D2

Belle surprise que le ravissant jardin de l'Athiri, en plein cœur de Keramikos. La petite carte originale revisite les classiques régionaux de saison comme la fava de Santorin (purée de pois cassés jaunes) et le copieux ragoût de bœuf avec du *mizithra* (fromage frais de brebis) et des makarounes (pâtes) artisanaux de l'île de Karpathos. (☎ 210 346 2983 ; www.athirirestaurant.gr/index_en.html ; Plateon 15, Keramikos ; plats 16-19 € ; 19h-23h30 mar-sam, 13h-17h dim ; M Thissio)

Butcher & Sardelles

INTERNATIONAL **€€**

15 PLAN P. 162, C3

Terre ou mer ? Le dilemme n'a pas lieu d'être dans ce restaurant moderne où se côtoient viande et poisson. Emplacement agréable à côté du multiplex culturel Technopolis et tables en extérieur. (☎ 210 341 3440 ; Persefonis 19, Gazi ; plats 10-17 € ; 12h-1h, jusqu'à 2h ven-sam ; M Kerameikos)

Aleria
MÉDITERRANÉEN **€€€**

16 PLAN P. 162, D1

Un peu incongru dans le quartier délabré de Metaxourgio, cet élégant restaurant contemporain élabore des recettes raffinées à base de produits grecs. (210 522 2633 ; www.aleria.gr ; Megalou Alexandrou 57, Metaxourgio ; plats 20-28 €, menus à partir de 48 € ; 19h30-23h15 lun-sam, fermé fin août ; Metaxourghio)

Prendre un verre

Gazarte
BAR

17 PLAN P. 162, C2

Un complexe artistique polyvalent dont le bar sur le toit regardant l'Acropole, la musique mainstream et les concerts occasionnels attirent une clientèle de trentenaires branchés. Un écran géant où sont projetées des vidéos, des salles de spectacle et un restaurant complètent les installations. (210 346 0347 ; www.gazarte.gr ; Voutadon 32-34, Gazi ; Kerameikos)

BeQueer
CLUB GAY

18 PLAN P. 162, C2

Sur la scène gay assez homogène et sophistiquée de Gazi, l'ouverture fin 2017 de ce club plus original à l'atmosphère ouverte et décontractée a été chaleureusement accueillie. Des événements sont régulièrement organisés, notamment des soirées drag-queens. (213 012 2249 ; Keleou 10, Gazi ; 23h45-6h ven-sam ; Kerameikos)

Technopolis (p. 169)

Laika
CAFÉ-BAR

19 PLAN P. 162, C1

Un petit endroit branché en lisière de Gazi, perdu au milieu de garages automobiles et de quelques théâtres expérimentaux. On y mange bien et il y a souvent de la musique le soir. (215 501 3801 ; Pellis 30, Votanikos ; 12h-2h mar-dim ; M Kerameikos)

Beaver Collective
CAFÉ

20 PLAN P. 162, A4

Un café coopératif entièrement féminin, très favorable à la scène lesbienne – même si tout le monde est le bienvenu. Le brunch a beaucoup de succès et les cocktails coulent à flots. (211 210 3540 ; Vasiliou tou Megalou 46, Rouf ; 13h30-2h, 17h30-2h dim ; M Kerameikos)

Big
GAY

21 PLAN P. 162, B1

La scène bear animée d'Athènes a fait de Big son point de ralliement. (6946282845 ; Falesias 12, Votanikos ; 22h-3h mar-jeu et dim, jusqu'à 5h ven-sam ; M Kerameikos)

A Liar Man
BAR

22 PLAN P. 162, C2

Un petit refuge à l'ambiance plus feutrée que les bars et clubs bruyants du voisinage. Fermé l'été. (210 342 6322 ; www.facebook.com/aliarmanathens ; Sofroniou 2, Gazi ; 17h-2h lun-jeu, jusqu'à 4h ven-sam, 14h-1h dim mi-sep–mi-juin ; M Kerameikos)

S-Cape
CLUB GAY

23 PLAN P. 162, C3

Une foule de jeunes gays, lesbiennes et transgenres se presse ici. Consultez le site Internet pour les soirées à thème. (Iakhou 32, Gazi ; 23h30-5h ; M Kerameikos)

MoMix
BAR À COCKTAILS

24 PLAN P. 162, C2

Pionnier des cocktails moléculaires à Athènes, le MoMix concocte d'insolites mélanges mousseux, fumants ou poudreux. Ne vous laissez pas rebuter par la salle côté rue ; un jardin agréable se cache à l'arrière. (6974350179 ; www.momixbar.com ; Keleou 1, Gazi ; 20h-3h, jusqu'à 4h ven-sam ; M Kerameikos)

Sortir

Treno sto Rouf
CENTRE ARTISTIQUE

25 PLAN P. 162, A4

Suivez le phare rougeoyant de la locomotive à vapeur stationnée derrière la gare de Rouf. Une ribambelle de vieux wagons ont été transformés en restaurant, café-bar, salle de concert et théâtre. Même quand il n'y a rien à l'affiche, vous pouvez toujours prendre un verre et un en-cas (6-15 €) pour vous imaginer à bord de l'Orient Express. (210 529 8922 ; www.totrenostorouf.gr/en ; Konstantinoupoleos, Rouf ; 20h-tard mar-sam sep-juil ; 21 ou B16 jusqu'à Rouf, M Kerameikos)

Steki Pinoklis

MUSIQUE TRADITIONNELLE

26 PLAN P. 162, D1

Si cette taverna n'existe que depuis 2017, son style et sa musique rappellent une époque bien plus ancienne. Il s'agit d'une excellente adresse pour écouter du rébétiko de Smyrne et autres musiques traditionnelles. Un groupe joue presque chaque soir (à partir de 21h30 ou 22h) ainsi que le dimanche après-midi (à 16h en général). Cuisine standard mais bon marché. (210 577 7355 ; www.facebook.com/pinoklis ; Megalou Alexandrou 102, Keramikos ; 20h-2h mer-sam, 14h-22h dim ; M Kerameikos)

Afrikana

JAZZ

27 PLAN P. 162, D2

Dans une vieille maison juste en dehors du tumulte de Gazi, ce petit bar accueille des groupes de jazz et de funk quasiment tous les soirs. Ambiance très sympathique et clientèle mélangée. Prix du premier verre majoré d'environ 5 € lors des concerts. (210 341 0445 ; www.facebook.com/afrikana.athens ; Ierofonton 13, Gazi ; 19h30-2h30 mar-dim ; M Kerameikos)

Bios

MUSIQUE LIVE, GALERIE

28 PLAN P. 162, D2

Cet espace labyrinthique sur plusieurs niveaux, aménagé dans un immeuble de style Bauhaus avec vue sur l'Acropole, comporte un bar, un club en sous-sol, un petit cinéma d'art et d'essai ainsi qu'une terrasse sur le toit. Au programme : DJ, spectacles et expositions artistiques axées notamment sur les nouveaux médias. En hiver, l'activité se concentre essentiellement dans le bar Tesla au rez-de-chaussée. (210 342 5335 ; www.bios.gr ; Pireos 84, Keramikos ; 11h-tard ; M Thissio)

Secteurs à éviter

L'extrémité est de Metaxourgio vaut à l'ensemble du quartier une mauvaise réputation. Mieux vaut ne pas traîner dans les ruelles à l'est de la Plateia Avdi, fréquentées par des toxicomanes et bordées de maisons closes sordides. À Gazi et à Keramikos, les enseignes en néon marquées “Studio” désignent des lieux de prostitution légèrement plus reluisants.

Technopolis

MULTIPLEX CULTUREL

29 PLAN P. 162, C3

Cette usine à gaz de 1862 brillamment reconvertie est devenue l'un des hauts lieux artistiques et culturels d'Athènes, siège d'expositions multimédias, concerts, festivals et événements divers. Accordez-vous une pause dans son café agréable. (210 346 7322 ; www.technopolis-athens.com ; Pireos 100, Gazi ; M Kerameikos)

Vaut le détour

Faliro

Si la chaleur estivale se fait trop écrasante dans le centre d'Athènes, souvenez-vous que le littoral n'est qu'à 7 km au sud. Sur le rivage de Faliro, profitez de la fraîcheur marine en compagnie des familles locales, arpentez la promenade du front de mer et les allées du parc Stavros Niarchos, à l'ombre de l'immense canopée du centre culturel.

Syntagma, destination Faliro. La ligne longe le parc Flisvos et continue jusqu'aux environs du Centre Stavros Niarchos.

Plus rapide pour rejoindre directement le Centre Stavros Niarchos.

Un taxi pour le parc Flisvos coûte environ 12 €.

Parc Flisvos

Très prisé des familles, le **parc Flisvos** (en photo ; Palaio Faliro ; entrée libre ; 24h/24 ; ; Parko Flisvou) compte de nombreuses aires de jeux, un cinéma en plein air et un formidable théâtre d'ombres durant l'été, le **Theatro Skion Tasou Konsta** (210 322 7507 ; www.fkt.gr ; parc Flisvos, Palaio Faliro ; 3,50 € ; 20h30 ven-dim juin-sep ; ; Parko Flisvou). L'endroit s'anime vers le coucher du soleil, lorsque les habitants sortent pour la *volta* (balade) du soir.

Centre culturel de la fondation Stavros Niarchos

Ce vaste **complexe culturel** (216 809 1001 ; www.snfcc.org ; Leoforos Syngrou 364, Kallithea ; entrée libre ; 550 jusqu'à Onasseio, 10 jusqu'à Epaminonda) ultra-moderne conçu par l'architecte italien Renzo Piano déploie son toit "ailé" sur une colline dominant la baie de Faliro. Inauguré en 2016, le centre abrite la Bibliothèque nationale et l'**Opéra national de Grèce** (Ethniki Lyriki Skini ; 210 366 2100 ; www.nationalopera.gr/en). Consultez le programme des événements artistiques organisés au bord du majestueux bassin.

Parc Stavros Niarchos

Dans une ville qui manque d'espaces verts, le **parc Stavros Niarchos** (www.snfcc.org ; Syngrou 364, Kallithea ; entrée libre ; 6h-minuit avr-oct, jusqu'à 20h nov-mars ; 550 jusqu'à Onasseio, 10 jusqu'à Epaminonda) offre aux athéniens une bouffée d'oxygène bienvenue, avec ses parterres de lavande et ses rangées d'oliviers sillonnés de sentiers. Des cours de danse et de gym gratuits sont régulièrement organisés sur la grande pelouse centrale, ainsi que des marathons de films les nuits d'été. Un terrain de jeu, des installations sonores interactives et des vélos à louer (1 €/heure) complètent le tableau.

★ À savoir

- Assurez-vous de bien prendre le tramway à destination de Faliro – la ligne bifurque près de la mer.
- En plus des transports publics, une navette de la Fondation Stavros Niarchos part de Syntagma plusieurs fois par jour en semaine et toutes les 30 minutes de 9h30 à 23h le week-end.
- Le rivage longé par le tramway est rocheux, mais il est possible de s'y baigner. Vous accéderez plus facilement à la mer en descendant à Mousson.

Une petite pause ?

Le parc Stavros Niarchos compte deux cafés et un bistrot, le parc Flisvos des restaurants et quelques stands. Sinon, poussez jusqu'au Pirée pour dîner au **Varoulko** (210 522 8400 ; www.varoulko.gr ; Akti Koumoundourou 52, Mikrolimano ; plats 45-65 € ; 13h-1h), étoilé au Michelin.

Carnet pratique

Parthénon (p. 35), Acropole WESTEND61/GETTY IMAGES ©

Avant de partir

Hébergement

- Athènes offre une gamme complète d'hébergements, mais les chambres peuvent être un peu mornes pour le prix, surtout dans la catégorie moyenne.
- Réservez deux mois à l'avance (quatre en été) pour bénéficier du meilleur choix.
- Les piscines sont rares et le Wi-Fi fonctionne souvent lentement.

Athènes

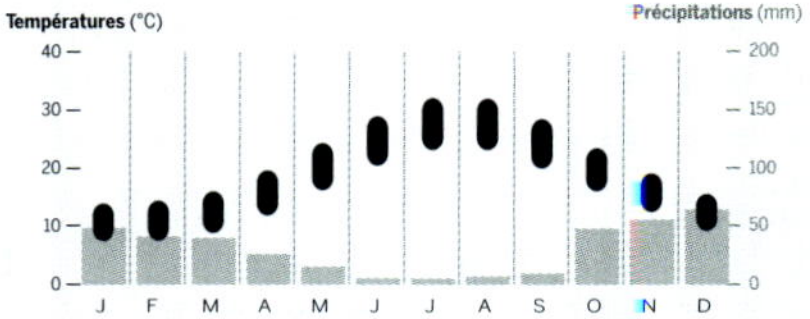

Quand partir

Été (juin-août) Températures et prix élevés. Festivals en plein air et rues animées. En août, certains hôtels et commerces ferment, et les Athéniens quittent la ville.

Automne (sept-oct) Temps plus doux et moins de visiteurs. Le prix des hébergements baisse.

Hiver (nov-mars) Temps froid, pluie et neige occasionnelles. La vie nocturne et artistique continue. Prix des hébergements au plus bas.

Printemps (avr-mai) Climat idéal et touristes épars. Hébergements à prix raisonnables. Les cinémas et restaurants en plein air rouvrent en mai.

Sites utiles

Boutique Athens (www.boutiqueathens.com). Appartements et maisons à louer en ville.

Catégorie petits budgets

Phaedra (www.hotelphaedra.com). Petit hôtel familial dans un joli coin de Plaka.

Evripides (www.evripideshotel.gr). Salle du petit-déjeuner et toit en terrasse donnant sur l'Acropole.

City Circus (www.citycircus.gr). Une auberge de jeunesse alternative et branchée.

Marble House Pension (www.marblehouse.gr). Havre de tranquillité dans une jolie impasse.

Catégorie moyenne

InnAthens (www.innathens.com). Excellent rapport qualité/prix pour le style design et l'emplacement.

Phidias Hotel (www.phidias.gr). Vue sur Apostolou Pavlou depuis les balcons.

Lozenge (www.lozengehotel.com). Chic, calme et bien situé.

Alice Inn (www.aliceinnathens.com). Petit B&B dans une jolie maison de Plaka.

Catégorie supérieure

Athens Was (www.athenswas.gr).

Hébergement par quartier

Quartier	Avantages	Inconvénients
Plaka	Ambiance animée et proximité de l'Acropole.	Épicentre touristique.
Syntagma	Chambres plus grandes et mieux équipées qu'ailleurs.	Grands immeubles des années 1970 sans cachet.
Monastiraki et Psyrri	Cadre pittoresque et accès facile en métro depuis l'aéroport.	Bars bruyants, ouverts jusqu'à 4h le week-end.
Quartier de l'Acropole	Atmosphère locale à Makrygianni et Koukaki.	Koukaki à 15 minutes à pied de l'Acropole.
Kolonaki	Calme et pratique pour visiter les musées.	Une petite marche ou un court trajet en métro mènent à Plaka.
Omonia	Quelques hôtels nouveaux ou rénovés de qualité.	Usage de drogue et prostitution bien visibles le soir.
Exarhia	Vie nocturne et restaurants animés.	Peu d'hôtels et situation excentrée.
Thisio et Petralona	Agréable, moderne et très peu touristique.	Peu d'hôtels et Acropole à 10-15 minutes de marche.
Mets et Pangrati	Tranquille et doté de bons restaurants.	Un seul hôtel. 20 minutes de marche ou trajet en bus pour rejoindre l'Acropole.
Gazi, Keramikos et Metaxourgio	Quartiers branchés où les bars intéressants abondent.	Gazi est bruyant et certains coins de Metaxourgio sont peu sûrs.

Idéalement placé pour visiter l'Acropole.

Grande Bretagne (www.grandebretagne.gr). Palace des stars et des têtes couronnées sur la place Syntagma.

Electra Palace (www.electrahotels.gr). L'établissement le plus luxueux de Plaka.

Coco-Mat (www.cocomatathens.com). Literie de rêve et élégante sobriété au cœur de Kolonaki.

Arriver à Athènes

Aéroport international Eleftherios Venizelos

L'**aéroport d'Athènes** (ATH ; ☎ 210 353 0000 ; www.aia.gr) se situe à Spata, 27 km à l'est de la ville, et ne comporte qu'un seul terminal.

Transports

Ligne 3 du métro Aller simple/aller-retour valable 7 jours 10/18 € ; 50 minutes jusqu'à Monastiraki (6h30-23h30 tts les 30 mins).

Bus X95 6 € ; 1 heure-1 heure 30 jusqu'à Syntagma ; toutes les 20-30 minutes, 24h/24.

Taxi Tarif fixe de jour/nuit jusqu'au centre 38/54 €, péage inclus ; 30-45 mins. Le tarif de nuit dépend de l'heure d'arrivée et non de prise en charge.

Welcome Pickups (www.welcomepickups.com). Réservez une voiture à l'avance au même prix qu'un taxi.

Depuis la France

- Un aller-retour Paris-Athènes coûte au minimum 150 euros en milieu de semaine et en basse saison, réservé longtemps à l'avance. En haute saison, comptez entre 250 et 350 €. Le vol dure près de 3 h 15. Air France (☎36 54, 0, 34 €/min ; www.airfrance.fr), Aegan Airlines (fr.aegeanair.com) et Olympic Air (www.olympicair.com/en) proposent des vols directs entre Paris et Athènes à partir de 200 €. Sinon, passez par une compagnie low cost, comme Easy Jet.

Depuis la Belgique

- Aegan Airlines (fr.aegeanair.com) et Brussels Airlines (www.brusselsairlines.com/fr-be/) opèrent des vols Bruxelles-Athènes. Comptez au moins 150/230 € aller-retour en basse/haute saison.

Depuis la Suisse

- Aegan Airlines (fr.aegeanair.com) et Suiss Air (www.swiss.com) proposent des vols depuis Zurich et Genève. Comptez au moins 250 FS aller-retour.

Depuis le Canada

- Pour l'heure, il n'y a plus de vols directs pour la Grèce depuis le Canada. Les vols d'Air Canada (www.aircanada.com), KLM (www.klm.com) ou Lufthansa (www.lufthansa.com) transitent par l'Europe de l'Ouest.

Port du Pirée

- La plupart des ferries et des navires de croisière arrivent au **port du Pirée** (☎210 455 0000, 0,89 € la minute 14541 ; www.olp.gr), au sud-ouest d'Athènes.
- Des navettes gratuites circulent à l'intérieur de la zone portuaire et s'arrêtent près du métro.

Greek Ferries (☎2810 529000 ; www.greekferries.gr). Horaires et billets.

Transports

Ligne 1 du métro 1,40 € ; 30 mins jusqu'à Thissio ; 5h30-minuit.

Bus X80 Relie le port aux principaux sites ;

Transports

Marche Dense, le centre d'Athènes se visite très bien à pied.

Métro Rapide et efficace, c'est l'option la plus pratique pour les touristes.

Taxi Les tarifs sont abordables, mais les chauffeurs ne parlent guère anglais.

Bus Si des lignes desservent toute la ville, il n'y a pas de plan imprimé du réseau.

Tramway Un moyen lent et pittoresque de gagner la côte.

Voiture Inutile et source de stress dans les rues étroites et les embouteillages.

Billets et pass

L'**Ath.ena Ticket** est un titre de transport rechargeable permettant de prendre le bus, le tramway et le métro, en vente aux distributeurs automatiques et aux guichets des stations de métro. Il existe aussi une Ath.ena Card en plastique, disponible uniquement aux guichets. Les Ath.ena Tickets pour les trajets en bus express (au départ de l'aéroport, par exemple) ne sont pas rechargeables.

Billet à l'unité (90 minutes, transferts illimités)	1,40 €
Pass 24 heures	4,50 €
Pass 5 jours	9 €
Pass touristique de 3 jours incluant un aller-retour à l'aéroport	22 €

Les moins de 6 ans voyagent gratuitement. Les 6-18 ans et les plus de 65 ans paient demi-tarif (uniquement au guichet).

4 € ; 30 mins jusqu'à l'Acropole ; mai-oct.

Bus 040 Jusqu'à Syntagma ; 1,40 € ; ttes les 30 minutes 24h/24.

Bus de nuit 500 Jusqu'à Omonia ; 1,40 € ; 45 minutes ; ttes les heures minuit-5 h.

Taxi Les taxis garés devant le métro sont connus pour surfacturer la course. Hélez plutôt un véhicule dans la rue. La course jusqu'au centre coûte 20-25 €.

Un fil d'Ariane en voyage

Vous êtes ressortissant français ? Pensez à vous enregistrer sur le **portail Ariane** (pastel.diplomatie.gouv.fr/fildariane) du ministère des Affaires étrangères. Ce service gratuit vous permet de recevoir des alertes si la situation le justifie. Crise politique, catastrophe naturelle, attentat… recevez en temps réel des consignes de sécurité lors de votre voyage.

Il existe une application pour les Smartphones et les tablettes, intitulée *Conseils aux voyageurs*.

Comment circuler

Métro

- Ligne 1 (verte) à destination du Pirée, Ligne 2 (rouge) et Ligne 3 (bleue) pour l'aéroport (certains trains s'arrêtent quelques stations avant).
- Les plans sont clairs et traduits en anglais. Toutes les stations sont accessibles en ascenseur et aux fauteuils roulants.
- Les trains circulent de 5h30 à 0h30, ttes les 4 à 10 mins en heures de pointe/normales. Dernier départ pour l'aéroport

à 23h. Les lignes 2 et 3 circulent jusqu'à 2h30 ven et sam.

- Infos sur www.stasy.gr.

Taxi

- Un court trajet dans le centre coûte environ 5 €.
- Au compteur, le chiffre "1" indique le tarif normal, le chiffre "2" le tarif majoré de 60% en vigueur après minuit et les jours fériés.
- Si le taxi vous prend alors qu'il a déjà un client, chacun paie le prix au compteur, moins les détours pour descendre les autres passagers (notez le prix indiqué lorsque vous montez dans le taxi).
- Pour aller à l'aéroport, les chauffeurs proposent souvent un tarif fixe de 40 €, comprenant les suppléments licites (péage, taxe d'aéroport, surtaxe des bagages).
- Pour héler un taxi dans la rue, tendez le bras et criez votre destination.
- Les applications **Beat** (www.thebeat.co/gr/en) **Taxiplon** (www.taxiplon.gr/en/) vous aideront.
- Si vous prévoyez des excursions à la journée, contactez **Athens Tour Taxi** (✆6932295395 ; www.athenstourtaxi.com).

Bus

- Généralement ttes les 15 mins de 5h à minuit.
- Pour les itinéraires, utilisez Google Maps ou le planificateur de trajet du site d'**OASA** (www.oasa.gr ; cliquez sur "Telematics").
- Les lignes de trolleybus 2, 5, 11 et 15 de Syntagma au musée national d'Archéologie sont les plus utiles aux touristes.

Tramway

- La ligne de tramway relie Syntagma à la côte. Elle bifurque à l'est à destination de Voula (1 heure), à l'ouest en direction de Faliro (45 minutes), d'où un prolongement conduira au Pirée à partir de 2019.
- Le service fonctionne de 5h30 à 1h du dimanche au jeudi (ttes les 10 mins) et jusqu'à 2h30 vendredi et samedi (ttes les 40 mins).
- Des distributeurs automatiques de billets se trouvent sur les quais.
- Infos sur www.stasy.gr

Vélo

- Malgré l'absence de pistes cyclables, la circulation et les nombreuses collines, des Athéniens motivés circulent à vélo, et vous pouvez en faire autant pour visiter les sites.
- Une piste cyclable relie Thisio à la côte.
- **Roll in Athens** (p. 20) organise un circuit guidé en ville.
- **Funky Ride** (p. 44) loue des vélos.

Infos pratiques

Argent

- Les magasins et restaurants ont l'obligation de disposer d'un système de paiement par carte bancaire, mais les règlements en espèces restent plus courants.
- Les grandes banques ont une succursale à Syntagma. Les DAB abondent dans les quartiers commerçants, mais se font rares dans les zones résidentielles.

Us et coutumes

Langage corporel Pour dire "oui" de la tête, les Grecs font le signe que nous utilisons pour dire "non" et vice versa. Le geste négatif s'accompagne souvent du son *tsk*.

Repas Si l'on vous invite au restaurant, proposez de payer mais sans insister. N'expédiez pas le repas et ne pressez pas les serveurs.

Photographie Dans les églises, évitez d'utiliser le flash ou de photographier le maître-autel. Sur les sites historique, l'utilisation d'un trépied fait de vous un professionnel et peut nécessiter une autorisation.

Lieux de culte Couvrez-vous les épaules et les jambes. L'entrée de certaines églises est refusée aux personnes trop dévêtues.

National Bank of Greece (210 334 0500 ; angle Karageorgi Servias et Stadiou, Syntagma ; M Syntagma). Machine de change automatique 24h/24.

Onexchange Change et transfert d'argent. Agences à **Syntagma** (210 331 2462 ; www.onexchange.gr ; Karageorgi Servias 2, Syntagma ; 9h-21h ; M Syntagma) et **Monastiraki** (210 322 2657 ; www.onexchange.gr ; Areos 1, Monastiraki ; 9h-21h ; M Monastiraki).

Pourboires

Hôtels et Ferries Les grooms et les stewards attendent une petite gratification de 1 à 3 €.

Restaurants Si le service est compris, arrondissez juste la note. Sinon, laissez 10% à 20% de plus.

Taxis Ajoutez 2 ou 3 € au prix de la course. Une surtaxe s'applique pour chaque bagage.

Consigne

L'aéroport dispose d'une consigne (à partir de 3,50 €/6 heure) et la plupart des hôtels gardent gratuitement les bagages de leurs clients. Autres options :

Athens Lockers (213 035 4760 ; www.athenslockers.com ; Athinas 2 ; 4-11 € ; 8h-21h mai-oct, jusqu'à 20h avr-nov ; M Monastiraki)

LeaveYourLuggage.gr (211 410 8440; www.leaveyourluggage.gr ; Voulis 36 ; 4-11 € ; 8h-21h mai-oct, jusqu'à 21h nov-avr ; ; M Syntagma)

Cartes de réduction

Athens Spotlighted (www.athenspotlighted.gr). Disponible au **bureau d'information de l'aéroport d'Athènes** (24h/24), cette carte gratuite donne droit à des rabais dans une sélection de boutiques, restaurants et même quelques sites.

European Youth Card (www.eyca.org ; 10 €). Destinée aux résidents européens de 12 à 30 ans.

Carte d'étudiant internationale (ISIC ; www.isic.org ; 10 €). Pour les étudiants de 12 à 30 ans.

Seniors Les retraités de l'UE munis d'un justificatif bénéficient de réductions.

Électricité

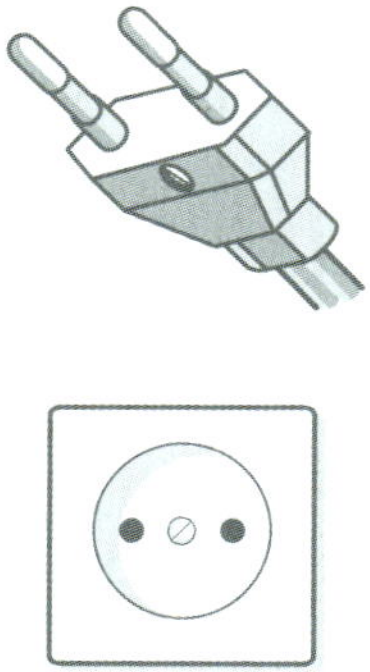

Type C
220 V/50 Hz

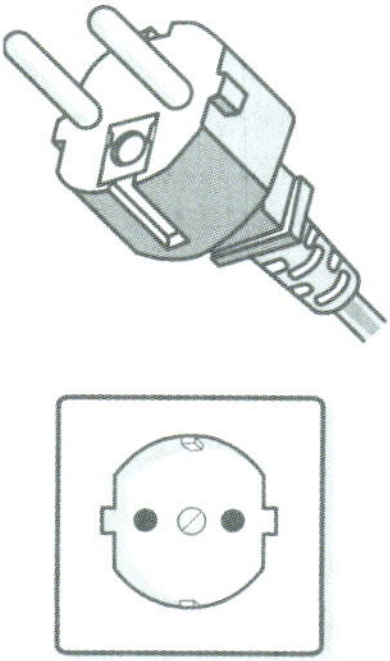

Type F
230 V/50 Hz

Heures d'ouverture

- Certains bars et restaurants réduisent leurs jours d'ouverture en hiver.
- Les bars musicaux sans espace extérieur cessent généralement leur activité tout l'été.
- Nombre de commerces ferment une heure ou deux l'après-midi.
- Voici les horaires habituels :

Banques 8h30-14h30 lun-jeu, 8h-14h ven

Cafés 9h-minuit

Bars 18h-2h ou 4h

Discothèques 22h-4h

Restaurants 12h-22h

Magasins 8h-15h lun, mer et sam, 8h-14h30 et 17h-20h mar, jeu et ven

Internet (accès)

- La plupart des hôtels ont un accès Internet, mais la connexion est souvent lente.
- Points Wi-Fi gratuits à Syntagma, Thisio, Gazi et au port du Pirée.
- Cosmote dispose de bornes Wi-Fi publiques. Ses boutiques et celles de Germanos vendent des cartes de connexion Internet prépayées pour ordinateurs portables.

Jours fériés

Toutes les banques et boutiques ainsi que la plupart des musées et des sites antiques ferment les jours fériés.

Nouvel An 1er janvier

Épiphanie 6 janvier

Jour de l'Indépendance 25 mars

Fête du travail (Protomagia) 1er mai

Assomption 15 août

Jour de l'Ohi 28 octobre

Noël 25 décembre

Saint-Étienne 26 décembre

Offices du tourisme

Comptoir d'information de l'aéroport (24h/24). Renseignements et carte de réduction Athens Spotlighted.

Kiosque Athens City Information de l'**Acropole** (210 321 7116 ; www.thisisathens.org ; Dionysiou Areopagitou et Leoforos Syngrou ; 9h-21h mi-mai–sep ; Akropoli)

Kiosque Athens City Information de l'**aéroport** (210 353 0390 ; www.thisisathens.org ; 8h-20h ; Airport)

Jours fériés du calendrier orthodoxe grec

Il s'agit de jours fériés officiels et beaucoup de gens prennent des vacances durant toute la semaine qui précède Pâques. Réservez hôtels et transports longtemps à l'avance.

Année	Premier lundi du Carême	Du Vendredi saint au lundi de Pâques	Lundi de Pentecôte
2019	11 mars	26–29 avril	17 juin
2020	2 mars	17–20 avril	8 juin
2021	15 mars	30 avril–3 mai	21 juin
2022	7 mars	22–25 avril	13 juin

EOT (Office national du tourisme grec ; ☎ 210 331 0716, 210 331 0347 ; www.visitgreece.gr ; Dionysiou Areopagitou 18-20, Makrygianni ; ⏲ 8h-20h lun-ven, 10h-16h sam-dim mai-sept, 9h-19h lun-ven oct-avr ; Ⓜ Akropoli). Horaires des sites et informations sur les transports. Autre antenne à l'**aéroport** (9h-17h lun-ven et 10h-16h sam).

Poste

Le système postal grec ne brille pas par sa rapidité. Les grands bureaux de poste vendent des emballages pour colis.

Poste centrale d'Athènes (☎ 210 335 3383 ; www.elta.gr ; Eolou 100, Omonia ; ⏲ 7h30-20h30 lun-ven, jusqu'à 14h30 sam ; Ⓜ Omonia)

Santé

Les pharmacies affichent sur leur vitrine les officines de garde. Sinon, téléphonez au ☎ 1434. La pharmacie de l'aéroport est ouverte 24h/24.

SOS Médecins (☎ 210 821 1888, 1016 ; www.sosiatroi.gr/fr ; ⏲ 24h/24). Service payant avec médecins anglophones qui se déplacent à domicile/l'hôtel.

Sécurité

- La crise financière a entraîné une hausse de la criminalité à Athènes, mais les exactions violentes sur la voie publique restent toutefois assez rares.
- Soyez vigilant le soir, surtout dans les rues mal famées au sud-ouest d'Omonia.
- Les vols de téléphones portables augmentent. Évitez de laisser le vôtre trop en évidence.
- Les pickpockets sévissent en particulier sur la ligne 1 du métro (Le Pirée–Kifisia), autour d'Omonia et d'Athinas et au marché aux puces de Monastiraki.
- Des escrocs "invitent" des touristes de sexe masculin dans des bars à hôtesses, où on leur facture une note exorbitante.

Grèves

- Les grèves et manifestations, presque toujours annoncées à l'avance, peuvent affecter les transports ainsi que l'ouverture des sites et des commerces.

La place Syntagma est le point de ralliement habituel des cortèges.

- Tenez-vous au courant sur www.livingingreece.gr/strikes.
- En cas de grève, une assurance voyage peut se révéler utile.

Tabagisme

On estime que 40% des Grecs adultes fument. Il est interdit de fumer dans les espaces publics fermés, mais les bars ignorent souvent la loi. La cigarette électronique n'a pas beaucoup d'adeptes.

Téléphone

- Code de la Grèce : ☎30
- À Athènes, les numéros des fixes commencent par ☎21, ceux des mobiles par ☎6.
- Les téléphones publics fonctionnent avec des cartes en vente dans les kiosques *(periptera)*. Utiles pour les appels internationaux
- On peut se procurer des cartes SIM dans les boutiques de téléphonie (passeport demandé).
- Les voyageurs canadiens doivent posseder un téléphone multibande déverrouillé.

Toilettes

- Les toilettes publiques sont rares. Pour utiliser celles d'un café, ayez la politesse de consommer quelque chose.
- Le diamètre des canalisations n'étant pas adapté à l'évacuation du papier toilette, veillez à jeter celui-ci et les autres détritus dans la poubelle prévue à cet effet.

Urgences

Ambulances	☎116
Urgences	☎112
Police	☎100
Police touristique	☎171

Si vous appelez depuis un numéro étranger, seul le ☎112 fonctionne.

Commissariat central (☎210 770 5711, numéro d'urgence 100 ; www.astynomia.gr ; Leoforos Alexandras 173, Ambelokipi ; Ⓜ Ambelokipi)

Commissariat de Pangrati (☎210 725 7000, numéro d'urgence 100 ; Mimnermou 6-8 ; Ⓜ Syntagma). Pratique pour les visiteurs.

Police touristique (☎210 920 0724, 24h/24 171 ; Veïkou 43-45, Koukaki ; ⏲8h-22h ; Ⓜ Sygrou-Fix, Akropoli)

Visas

Canada Aucun visa requis pour un séjour de moins de 90 jours.

France, Belgique, Suisse Carte d'identité ou passeport valide.

Autres pays Adressez-vous à l'ambassade ou au consulat grec.

Voyageurs handicapés

- Bien que les Jeux paralympiques de 2004 aient amélioré l'accessibilité, les voies en marbre et les escaliers restent un problème pour les personnes en fauteuil roulant.
- En dehors des bandes tactiles sur les trottoirs, peu d'aménagements sont prévus pour les handicapés visuels et auditifs.

Matt Barrett's Greece Guides (www.greecetravel.com). Informations sur les hébergements et circuits adaptes (en anglais).

Sage Traveling (www.sagetraveling.com). L'expérience d'un voyageur en fauteuil roulant (en anglais).

Langue

La langue grecque est probablement la plus ancienne des langues européennes : elle se transmet oralement depuis 4 000 ans, et s'écrit depuis environ trois millénaires.

L'alphabet grec est très proche de notre alphabet latin et la prononciation pose peu de problèmes aux francophones. Dans cette section, les lettres en italique indiquent la place de l'accent tonique. Les trois genres, masculin, féminin et neutre, sont indiqués par "m/f/n".

Indispensable pour mieux communiquer sur place : le *Guide de conversation Grec* de Lonely Planet. Inclus : un minidictionnaire.

Expressions courantes

Salut.
Γειά σας. *ya*·sas (poli)
Γειά σου. *ya*·sou (fam)

Bonjour/bonsoir.
Καλή μέρα/ςπέρα. ka·*li* *mè*·ra/*spè*·ra

Au revoir.
Αντίο. an·*di*·o

Oui./Non.
Ναι./Οχι. nè/*o*·hi

S'il vous plaît.
Παρακαλώ. pa·ra·ka·*lo*

Merci.
Ευχαριστώ. èf·ha·ri·*sto*

Désolé(e).
Συγγνώμη. sigh·*no*·mi

Comment t'appelles-tu ?
Πώς σας λένε; pos sas *lè*·nè

Je m'appelle...
Με λένε ... mè *lè*·nè...

Parlez-vous français ?
Μιλάτε αγγλικά; mi·*la*·tè gha·li·*ka*

Je (ne) comprends (pas).
(Δεν) καταλαβαίνω. (dhèn) ka·ta·la·*vè*·no

Au restaurant

J'aimerais...	Θα ήθελα...	tha *i*·thè·la...
une tasse de café	ένα φλυτζάνι καφέ	è·na fli·*dza*·ni ka·*fè*
une table pour deux	ένα τραπέζι για δύο άτομα	è·na tra·*pè*·zi ya *dhi*·o *a*·to·ma
une bière	μία μπύρα	*mi*·a *bi*·ra

Je suis végétarien(ne).
Είμαι χορτοφάγος. *i*·mè hor·to·*fa*·ghos

Que me recommandez-vous ?
Τι θα συνιστούσες;
ti tha si·ni·*stu*·sès

Santé !
Εις υγείαν! is i·*yi*·an

C'était délicieux !
Ήταν νοστιμότατο.
i·tan no·sti·*mo*·ta·to

L'addition, s'il vous plaît.
Το λογαριασμό, παρακαλώ. to lo·ghar·ya·*zmo* pa·ra·ka·*lo*

Shopping

Je souhaiterais acheter...
Θέλω ν' αγοράσω...
thè·lo na·gho·*ra*·so...

Je ne fais que regarder.
Απλώς κοιτάζω.
ap·*los* ki·*ta*·zo

Combien ça coûte ?
Πόσο κάνει; *po*·so *ka*·ni

C'est trop cher.
Είναι πολύ ακριβό.
i·nè po·*li* a·kri·*vo*

Pourriez-vous baisser le prix ?
Μπορείς να κατεβάσεις την τιμή; bo·*ris* na ka·tè·*va*·sis tin ti·*mi*

Urgences

À l'aide !
Βοήθεια! *vo*·*i*·thi a

Appelez un médecin !
Φωνάξτε ένα
fo·nak·stè *è*·na
γιατρό!
yi·a·*tro*

Appelez la police !
Φωνάξτε την
fo·nak·stè tin
αστυνομία!
a·sti·no·*mi*·a

Il y a eu un accident.
Εγινε ατύχημα
*è*y·i·nè a·*ti*·chi·ma

Je suis malade.
Είμαι άρρωστος.
i·mè *a*·ro·stoss

J'ai mal ici.
Πονάει εδώ. po·na·*ï*·è·*dho*

Je me suis perdu(e).
Έχω χαθεί. *è*·rho rha·*thi*

Heure et chiffres

Quelle heure est-il ?
Τι ώρα είναι; *ti o*·ra *i*·nè

Il est (deux) heures.
Είναι (δύο η ώρα).
i·nè (*dhi*·o) *i o*·ra

hier
χθες *rhtèss*

aujourd'hui
σήμερα *si*·mè·ra

demain
αύριο *av*·ri·o

matin
πρωί pro·*i*

après-midi
απόγευμα a·*po*·yèv·ma

soir
βράδυ *vra*·dhi

1 ένας/μία
è·nass/*mi*·a (m/f)
ένα *è*·na (n)

2 δύο *dhi*·o

3 τρεις triss (m et f)
τρία *tri*·a (n)

4 τέσσερεις
tè·ssè·riss (m et f)
τέσσερα
tè·ssè·ra (n)

5 πέντε *pen*·dè

6 έξη *èk*·ssi

7 επτά ep·*ta*

8 οχτώ orh·*to*

9 εννέα è·*nè*·a

10 δέκα *dhè*·ka

Transports et orientation

Où est... ?
Πού είναι...; pou *i*·nè...

Quelle est l'adresse ?
Ποια είναι η
pia *i*·nè i
διεύθυνση;
dhi·*èf*·thin·si

Pouvez-vous me montrer (sur la carte) ?
Μπορείς να μου
bo·*riss* na mou
δείξεις (στο χάρτη);
dhik·siss (sto *rhar*·ti)

Je voudrais aller à...
Θέλω να πάω *thè*·lo na *pao*
στο/στη... sto/sti...

Où puis-je acheter un billet ?
Πού αγοράζω
pou a·gho·*ra*·zo
εισιτήριο;
i·ssi·*ti*·ri·o

À quelle heure part-il ?
Τι ώρα φεύγει;
ti *o*·ra *fèv*·yi

S'arrête-t-il à... ?
Σταματάει στο ...;
sta·ma·*ta*·ï sto...

J'aimerais descendre à...
Θα ήθελα *tha* ·*thè*·la na
να κατεβώ... na ka·tè·*vo*...

Index

Voir aussi les index des rubriques :

Se restaurer p. 187
Prendre un verre p. 187
Sortir p. 188
Shopping p. 189

Références des **sites**
Références des **plans**

D

E

F

Références des **sites**
Références des **plans**

G

H

I

J

K

L

M

Prendre un verre

Sortir

Références des **sites**
Références des **plans**